만들고 놀이하고 선물해요

창의력 쑥쑥!

귀여운 여자아이 종이접기

타츠쿠리의 종이접기 지음
송주은 옮김

은하수미디어
EUNHASOOMEDIA

차 례

 1 동화 나라

 **유리 구두** ····· 15

 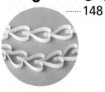

난이도 기준 작품 이름의 왼쪽 위에 접기 난이도를 4단계로 나타냈어요.

쉬움   보통   조금 어려움   어려움

4 특별한 날

밸런타인데이

전통 축제

종이접기의 기본을 배워요 ♪

이 책에서 종이접기를 할 때 알아 두면 편리한 기호나
기본이 되는 종이접기 방법을 배워요.

골접기
선이 안쪽으로 들어가게 접어요.

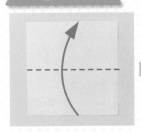 

선을 중심으로 화살표 방향으로 접어요.

산접기
선이 바깥쪽으로 나오게 접어요.

선을 중심으로 뒤로 접어요.

접기선 만들기
접는 기준이 되기도 하고, 깔끔하게
접기 위한 안내선이 되기도 해요.

 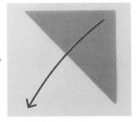 

선을 중심으로 접었다가 펼치면 접은 선이 생겨요.

펼치며 눌러 접기
주머니 같은 곳에 손가락을 넣어 부풀린 후
펼치며 눌러 접어요.

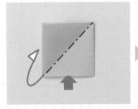  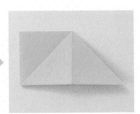

↑ 부분에 손가락을 넣어 부풀린 후, 화살표 방향으로 펼치며 눌러 접어요.

계단 접기
접은 모양이 계단처럼 보여요.
뒤로 접기와 앞으로 접기를 좁은 간격으로 반복해요.

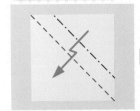 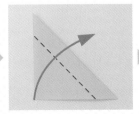 

앞으로 접기 선에서 앞으로 접으면, 뒤로 접기였던 선이 앞으로 접기 선이 돼요.
그대로 접으면 계단 접기가 돼요.

● 예쁘게 접는 방법

■ 손가락을 이용해요
접은 곳을 손가락으로 꾹
눌러요.

■ 자를 이용해요
더 깔끔하게 접고 싶을 때
자처럼 딱딱한 물건으로
눌러요.

● 접지 않는 화살표
두 개를 겹치거나, 고리로
만들거나 접었던 부분을
펼칠 때 사용해요.

● 같은 길이

둥근 산이 2개 있으면 반,
3개 있으면 삼등분의 길이
가 돼요.

안으로 넣어 접기

접은 부분의 가운데를 반으로 나누듯이 넣어서 접어요.

접은 선을 따라 안쪽으로 눌러요.

접은 부분을 펼친 후 접은 선을 따라 접어요.

접은 부분은 뒤로 접기와 앞으로 접기가 반대가 돼요.

펼친 부분을 닫으면 안으로 넣어 접기 완성이에요.

뒤집기

🔄 옆으로 뒤집어요.

위아래 방향은 그대로 두고 옆으로만 뒤집어요.

🔄 위로 뒤집어요.

 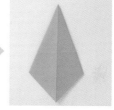

왼쪽과 오른쪽은 그대로 두고 아래에서 위로 뒤집어요.

자르는 방법

만들고 싶은 크기의 색종이가 없을 때, 기다란 네모 모양의 종이가 필요할 때, 자르고 싶은 크기만큼 접었다가 펼친 후 가위나 칼로 잘라요.

● 반으로 자르기

※ 가위나 칼을 사용할 때는 어른의 도움을 받아요.

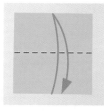  

반으로 접었다가 펼친 후 접은 선을 따라 잘라요.
15센티미터 색종이라면 7.5X15센티미터가 됩니다.

● 7.5 센티미터 색종이
15센티미터 색종이를 반으로 접은 후 접은 선을 따라 잘라요.

● 5 센티미터 색종이

 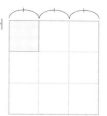

● 15X3.75 센티미터 색종이
세로로 두 번, 반으로 접은 후 접은 선을 따라 잘라요.

● 3 센티미터 색종이

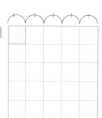

- - - - - - -
골접기 표시선

– · – · – · –
산접기 표시선

──────▶
골접기 화살표

──────▷
산접기 화살표

 손가락 넣기 화살표

──────▶
접지 않는 화살표

 옆으로 뒤집기

 위로 뒤집기

 방향 돌리기

 크게

 작게

위치를 나타내는 표시
★ ☆ ▲ △
♥ ♡ ● ○

 가위

 풀

 테이프

 풀칠하는 부분

종이접기에 필요한  준비물

동그란 스티커 두 장의 끝을 살짝 겹쳐 붙이면, 동물의 입 모양을 만들 수 있어요.

15센티미터

12센티미터

7.5센티미터

색종이
여러 크기의 색종이가 있지만, 처음엔 15센티미터 크기를 준비해요. 색이 한쪽에만 있는 것, 양쪽에 다 있는 것, 무늬가 있는 것 등 다양해요.

동그란 스티커
완성된 작품에 붙여 눈이나 코 등을 꾸며요. 하얀 스티커에 원하는 색을 칠해도 좋아요. 까맣게 칠하면 눈으로 사용할 수 있어요.

테이프
접은 부분이 펴지지 않게 하거나, 두 개 이상을 연결할 때 사용해요. 마스킹테이프가 편리해요.

칼
색종이를 자를 때 사용해요. 사용할 때는 다치지 않게 조심해야 해요.

칼판
칼로 색종이를 자를 때 아래에 받쳐요.

자
색종이의 크기를 재거나, 칼로 색종이를 자를 때 사용해요.

가위
색종이를 자를 때 사용해요. 사용할 때는 다치지 않게 조심해야 해요.

풀
고체 형태의 풀이 사용하기 편해요. 서두르지 않고 천천히 말리는 게 좋아요.

펜
완성된 작품에 얼굴이나 모양을 그리는 데 사용해요. 종이용 마커가 색이 잘 나와서 추천해요. 없으면 색연필도 좋아요.

있으면 편한 것

●모양 스티커
작품에 붙이면 완성도를 높일 수 있어요.

특정 작품에 필요한 것

●끈
길이와 굵기, 소재는 작품에 맞게 준비해요.

●본드
조각 케이크를 만들 때 사용해요.

●실과 바늘
별 종이고리 장식을 만들 때 사용해요.

●스테이플러
하트 종이고리 장식을 만들 때 사용해요.

동화 나라

1

공주님이 등장하는 동화 속
세계를 종이접기로 만들어
놓면 즐거워요.
조금 어려운 부분도 있으니,
집에서 어른과 함께
만들어 보세요.

신데렐라

신데렐라 이야기에 나오는 주인공들과
호박 마차, 유리 구두를 종이접기로 만들어요.

호박 마차

➡ 22쪽

왕자님

➡ 16쪽

신데렐라

➡ 11쪽

요정

➡ 20쪽

유리 구두

➡ 15쪽

신데렐라

머리, 드레스, 티아라를 1개씩
종이접기로 만들어 조립해요.

준비물
머리 ● 15센티미터 색종이 1장
몸통 ● 15센티미터 색종이 1장
왕관 ● 5센티미터 색종이 1장
● 풀이나 테이프

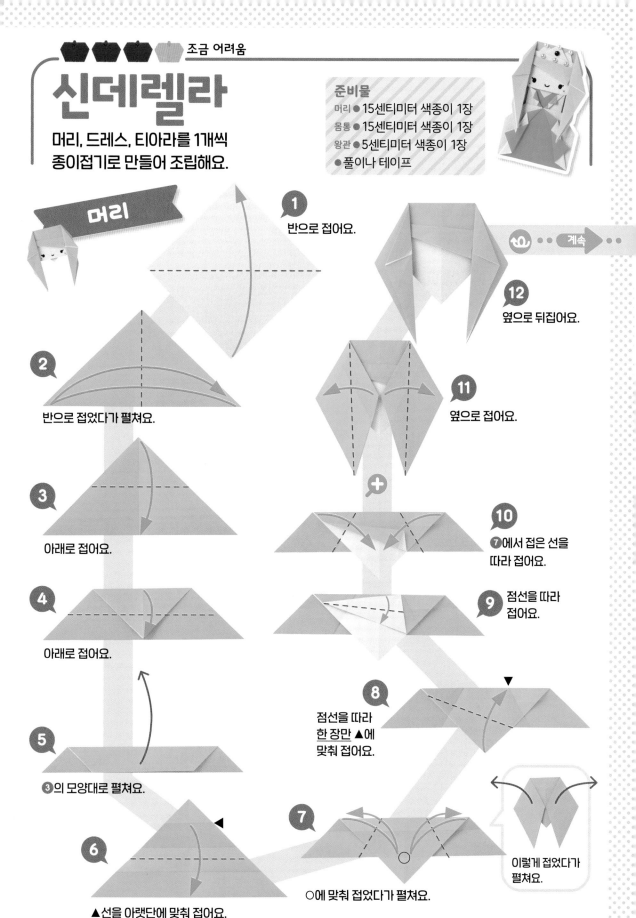

머리

1 반으로 접어요.

계속

12 옆으로 뒤집어요.

2 반으로 접었다가 펼쳐요.

11 옆으로 접어요.

3 아래로 접어요.

10 ❼에서 접은 선을 따라 접어요.

4 아래로 접어요.

9 점선을 따라 접어요.

5 ❸의 모양대로 펼쳐요.

8 점선을 따라 한 장만 ▲에 맞춰 접어요.

6 ▲선을 아랫단에 맞춰 접어요.

7 ○에 맞춰 접었다가 펼쳐요.

이렇게 접었다가 펼쳐요.

11

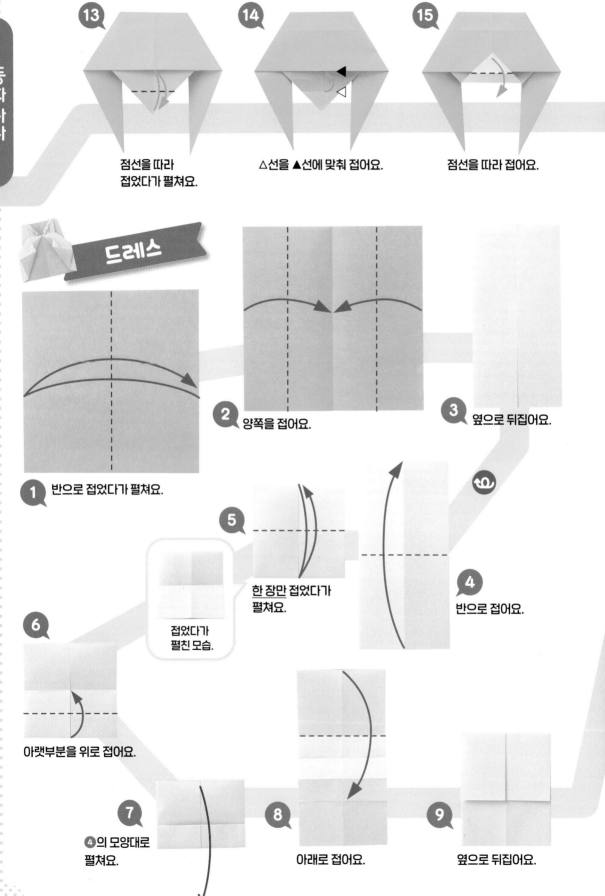

13 점선을 따라
접었다가 펼쳐요.

14 △선을 ▲선에 맞춰 접어요.

15 점선을 따라 접어요.

드레스

1 반으로 접었다가 펼쳐요.

2 양쪽을 접어요.

3 옆으로 뒤집어요.

4 반으로 접어요.

5 한 장만 접었다가
펼쳐요.

접었다가
펼친 모습.

6 아랫부분을 위로 접어요.

7 ❹의 모양대로
펼쳐요.

8 아래로 접어요.

9 옆으로 뒤집어요.

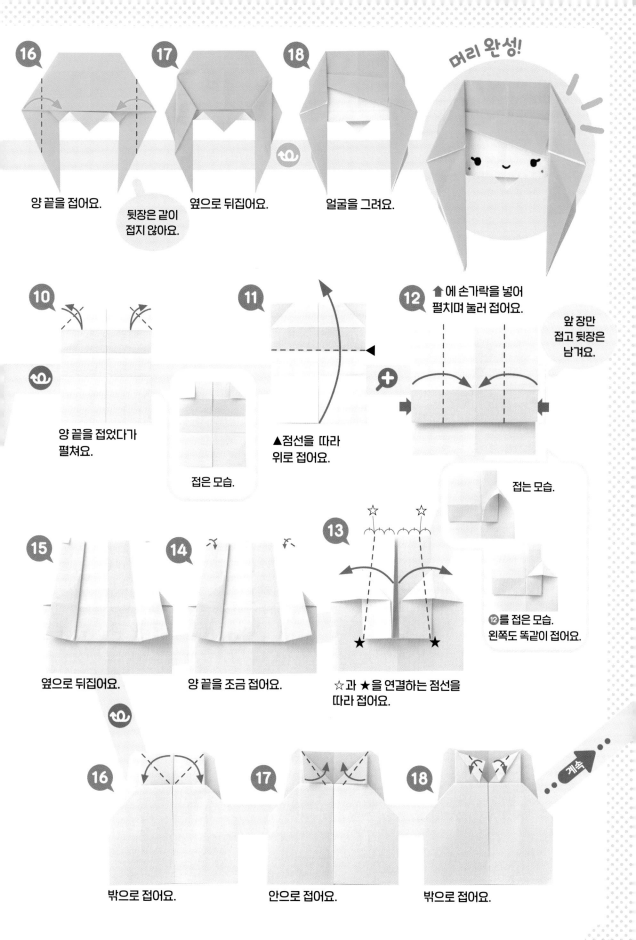

16 양 끝을 접어요.

뒷장은 같이 접지 않아요.

17 옆으로 뒤집어요.

18 얼굴을 그려요.

머리 완성!

10 양 끝을 접었다가 펼쳐요.

접은 모습.

11 ▲점선을 따라 위로 접어요.

12 ↑에 손가락을 넣어 펼치며 눌러 접어요.

앞 장만 접고 뒷장은 남겨요.

접는 모습.

⑫를 접은 모습. 왼쪽도 똑같이 접어요.

15 옆으로 뒤집어요.

14 양 끝을 조금 접어요.

13 ☆과 ★을 연결하는 점선을 따라 접어요.

16 밖으로 접어요.

17 안으로 접어요.

18 밖으로 접어요.

계속

티아라

1 접었다가 펼쳐요.

2 양 끝을 접어요.

3 ☆과 ○를 연결하는 점선을 따라 접어요.

4 아랫부분을 접어요.

5 뒤로 접어요.

6 ★에 맞춰 위로 접어요.

7 옆으로 뒤집어요.

티아라 완성!

조립하기

티아라를 머리 틈에 끼워 넣고, 머리를 풀이나 테이프로 드레스와 겹치게 붙여요.

스티커로 티아라를 더 예쁘게 꾸며 보세요.

19 ○와 ★을 연결하는 점선을 따라 접어요.

화려한 드레스 완성!

20 안으로 접어요.
조금 띄워서 접어요.

21 점선을 따라 접어요.

신데렐라 완성!

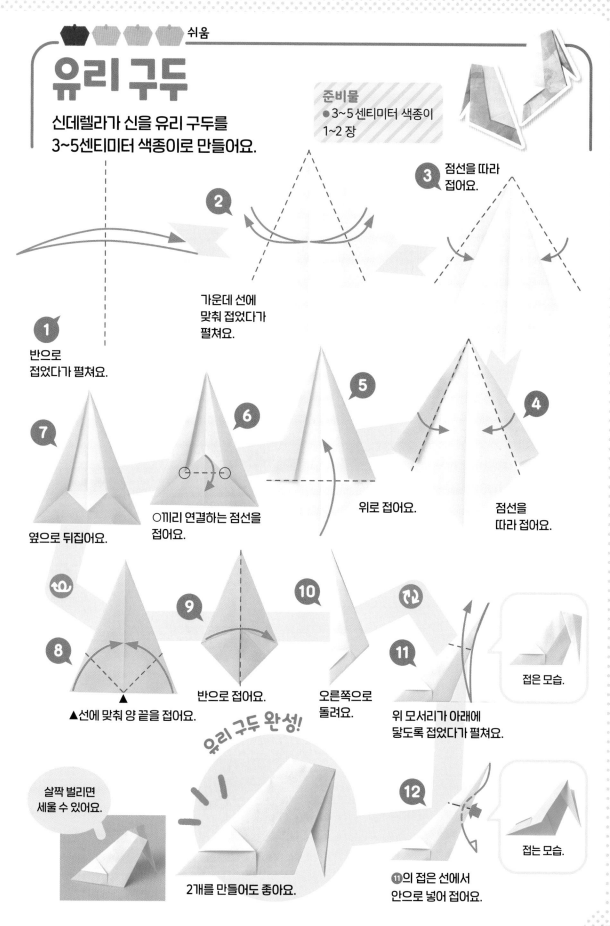

유리 구두

신데렐라가 신을 유리 구두를
3~5센티미터 색종이로 만들어요.

준비물
● 3~5센티미터 색종이
1~2 장

1 반으로
접었다가 펼쳐요.

2 가운데 선에
맞춰 접었다가
펼쳐요.

3 점선을 따라
접어요.

4 점선을
따라 접어요.

5 위로 접어요.

6 ○끼리 연결하는 점선을
접어요.

7 옆으로 뒤집어요.

8 ▲선에 맞춰 양 끝을 접어요.

9 반으로 접어요.

10 오른쪽으로
돌려요.

11 위 모서리가 아래에
닿도록 접었다가 펼쳐요.

접은 모습.

12 ⑪의 접은 선에서
안으로 넣어 접어요.

접는 모습.

유리 구두 완성!

2개를 만들어도 좋아요.

살짝 벌리면
세울 수 있어요.

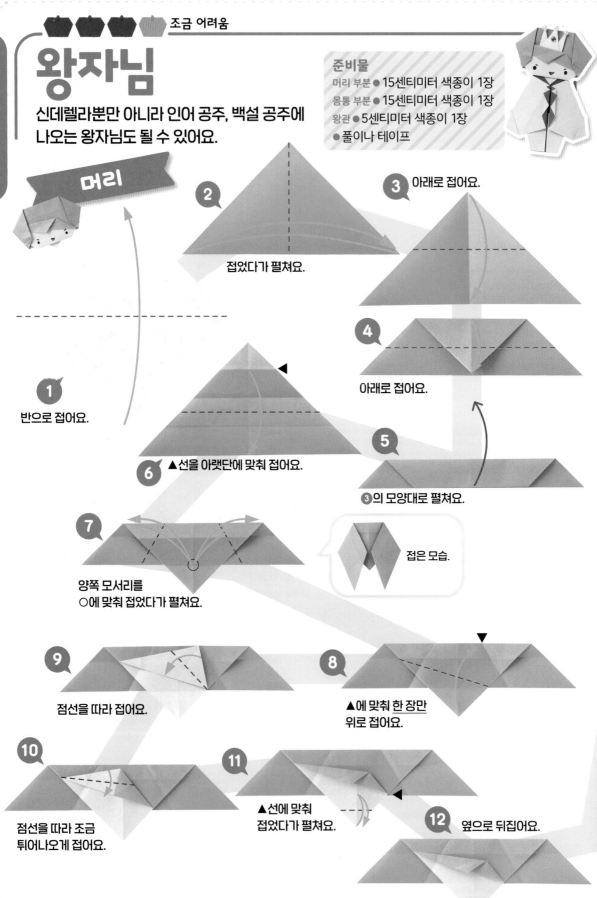

조금 어려움

동화나라

왕자님

신데렐라뿐만 아니라 인어 공주, 백설 공주에
나오는 왕자님도 될 수 있어요.

준비물
머리 부분 ● 15센티미터 색종이 1장
몸통 부분 ● 15센티미터 색종이 1장
왕관 ● 5센티미터 색종이 1장
● 풀이나 테이프

머리

1 반으로 접어요.

2 접었다가 펼쳐요.

3 아래로 접어요.

4 아래로 접어요.

5 ❸의 모양대로 펼쳐요.

6 ▲선을 아랫단에 맞춰 접어요.

7 양쪽 모서리를
○에 맞춰 접었다가 펼쳐요.

접은 모습.

8 ▲에 맞춰 한 장만
위로 접어요.

9 점선을 따라 접어요.

10 점선을 따라 조금
튀어나오게 접어요.

11 ▲선에 맞춰
접었다가 펼쳐요.

12 옆으로 뒤집어요.

16

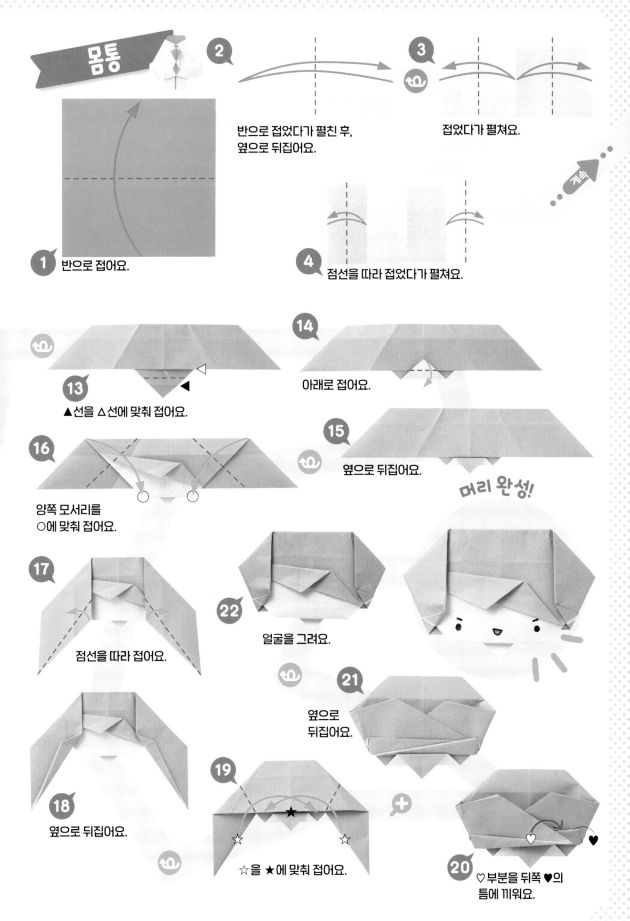

몸통

1 반으로 접어요.

2 반으로 접었다가 펼친 후, 옆으로 뒤집어요.

3 접었다가 펼쳐요.

4 점선을 따라 접었다가 펼쳐요.

계속

13 ▲선을 △선에 맞춰 접어요.

14 아래로 접어요.

15 옆으로 뒤집어요.

머리 완성!

16 양쪽 모서리를 ○에 맞춰 접어요.

17 점선을 따라 접어요.

22 얼굴을 그려요.

18 옆으로 뒤집어요.

21 옆으로 뒤집어요.

19 ☆을 ★에 맞춰 접어요.

20 ♡부분을 뒤쪽 ♥의 틈에 끼워요.

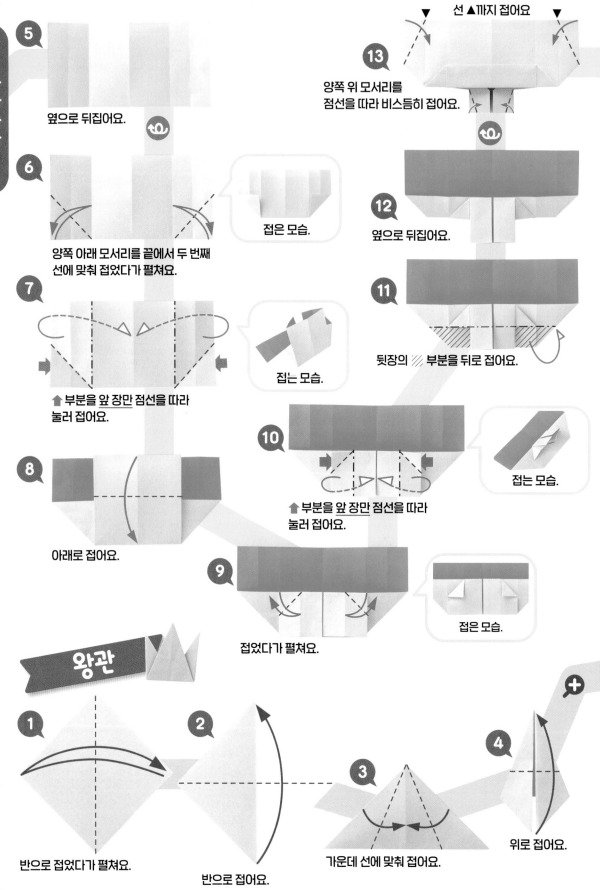

5 옆으로 뒤집어요.

6 양쪽 아래 모서리를 끝에서 두 번째 선에 맞춰 접었다가 펼쳐요.

접은 모습.

7 ⬆ 부분을 앞 장만 점선을 따라 눌러 접어요.

집는 모습.

8 아래로 접어요.

9 접었다가 펼쳐요.

10 ⬆ 부분을 앞 장만 점선을 따라 눌러 접어요.

접는 모습.

접은 모습.

11 뒷장의 ⁄⁄ 부분을 뒤로 접어요.

12 옆으로 뒤집어요.

13 선 ▲까지 접어요

양쪽 위 모서리를 점선을 따라 비스듬히 접어요.

왕관

1 반으로 접었다가 펼쳐요.

2 반으로 접어요.

3 가운데 선에 맞춰 접어요.

4 위로 접어요.

18

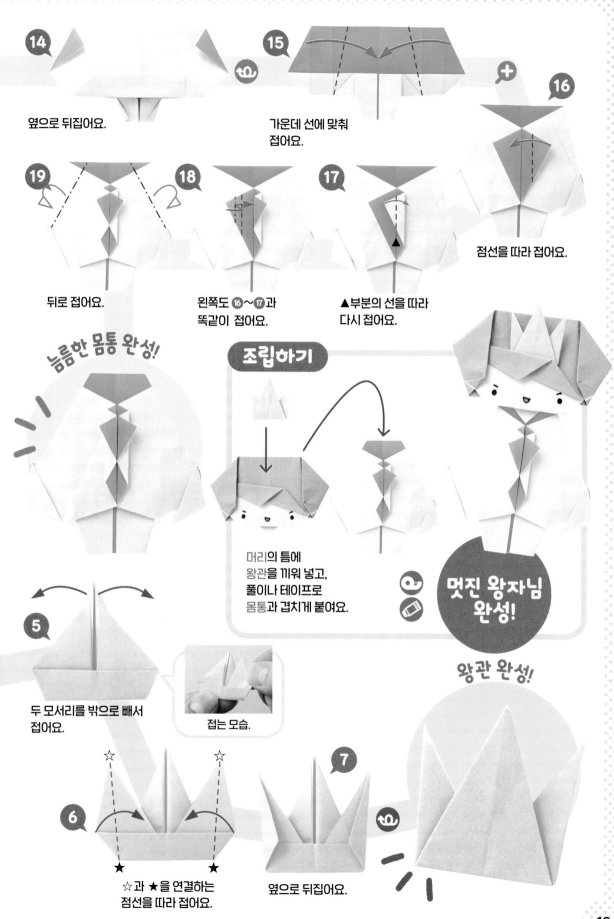

14 옆으로 뒤집어요.

15 가운데 선에 맞춰 접어요.

16 점선을 따라 접어요.

17 ▲부분의 선을 따라 다시 접어요.

18 왼쪽도 ⑯~⑰과 똑같이 접어요.

19 뒤로 접어요.

늠름한 몸통 완성!

조립하기

머리의 틈에 왕관을 끼워 넣고, 풀이나 테이프로 몸통과 겹치게 붙여요.

멋진 왕자님 완성!

5 두 모서리를 밖으로 빼서 접어요.

접는 모습.

6 ☆과 ★을 연결하는 점선을 따라 접어요.

7 옆으로 뒤집어요.

왕관 완성!

보통

요정

머리는 신데렐라와 같은 방법으로 만들어요.
요술봉을 들고 모자 달린 망토를 입었어요.

준비물
머리 ● 15센티미터 색종이 1장
몸통 ● 15센티미터 색종이 1장
요술봉 ● 5 × 2.5센티미터 색종이 1장
별 ● 5센티미터 색종이 1장
● 풀

머리

머리 완성!

신데렐라의 머리 만들기 ⑮까지
(11~13쪽) 접은 다음, 옆으로
뒤집어 얼굴을 그려요.

요술봉

1 반으로
접었다가
펼쳐요.

1 접었다가
펼쳐요.

8 점선을 따라
눌러 접어요.

접는 모습.

몸통

2 점선에 맞춰
접었다가
펼쳐요.

7 위 모서리를
○에 맞춰 접어요.

6 옆으로 뒤집어요.

3 ②에서 접은
▲선에 맞춰 접었다 펼쳐요.

4 옆으로 뒤집어요.

5 위 모서리를 ○에
맞춰 접었다가 펼쳐요.

2 가운데에 맞춰 접어요.

3 반으로 접어요.

4 별(56~57쪽)을 접어 요술봉 끝에 풀로 붙여요.

요술봉 완성!

9 점선을 따라 접은 후, 뒤집어요.

10 반으로 접었다가 펼쳐요.

접은 모습.

11 선에 맞춰 접었다가 펼쳐요.

접은 모습.

12 ⬆에 손가락을 넣어 펼치며 눌러 접어요.

13 위로 접어요.

14 옆으로 뒤집어요.

15 앞 장만 비스듬히 접어요.

몸통 완성!

조립하기

몸통의 모자 부분에 머리를 끼워 넣고, 몸통의 팔 부분에 요술봉을 꽂아 풀로 붙여요.

요정 완성!

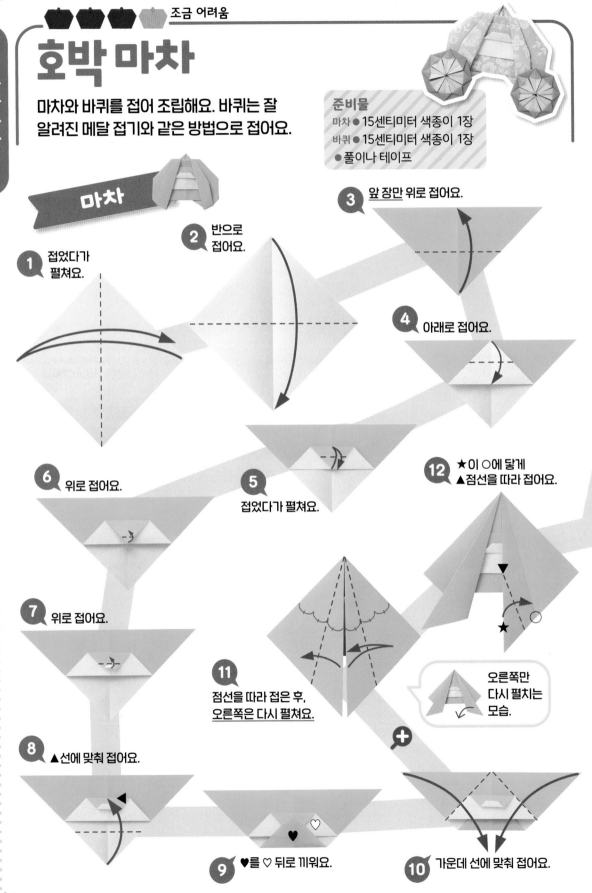

■■■■ 조금 어려움

호박 마차

마차와 바퀴를 접어 조립해요. 바퀴는 잘 알려진 메달 접기와 같은 방법으로 접어요.

준비물
마차 ● 15센티미터 색종이 1장
바퀴 ● 15센티미터 색종이 1장
● 풀이나 테이프

마차

1 접었다가 펼쳐요.

2 반으로 접어요.

3 앞 장만 위로 접어요.

4 아래로 접어요.

5 접었다가 펼쳐요.

6 위로 접어요.

7 위로 접어요.

8 ▲선에 맞춰 접어요.

9 ♥를 ♡ 뒤로 끼워요.

10 가운데 선에 맞춰 접어요.

11 점선을 따라 접은 후, 오른쪽은 다시 펼쳐요.

12 ★이 ○에 닿게 ▲점선을 따라 접어요.

오른쪽만 다시 펼치는 모습.

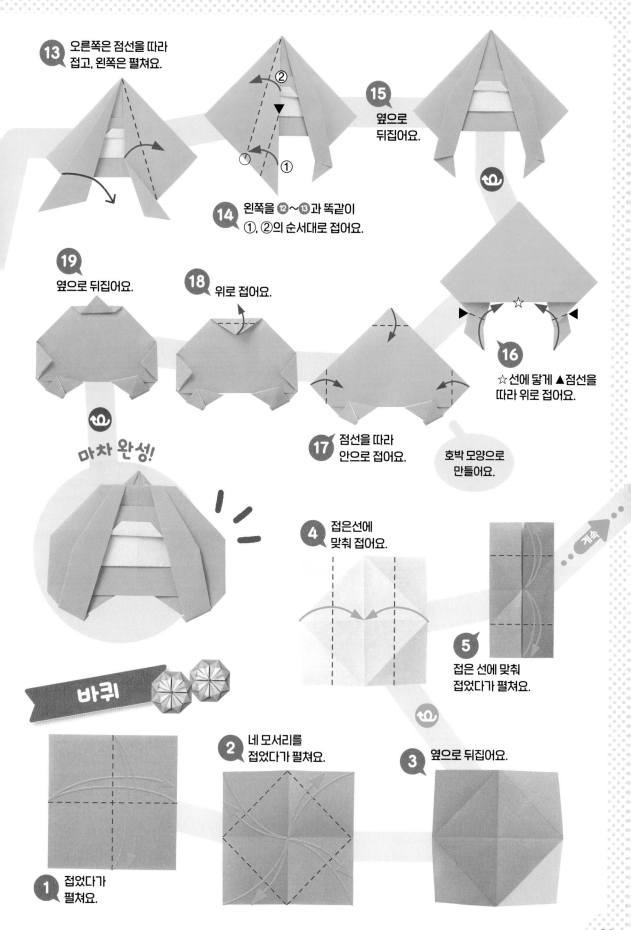

13 오른쪽은 점선을 따라 접고, 왼쪽은 펼쳐요.

②
▼
①

14 왼쪽을 ⑫~⑬과 똑같이 ①, ②의 순서대로 접어요.

15 옆으로 뒤집어요.

16 ☆ 선에 닿게 ▲점선을 따라 위로 접어요.

호박 모양으로 만들어요.

17 점선을 따라 안으로 접어요.

18 위로 접어요.

19 옆으로 뒤집어요.

마차 완성!

4 접은선에 맞춰 접어요.

5 접은 선에 맞춰 접었다가 펼쳐요.

계속

바퀴

1 접었다가 펼쳐요.

2 네 모서리를 접었다가 펼쳐요.

3 옆으로 뒤집어요.

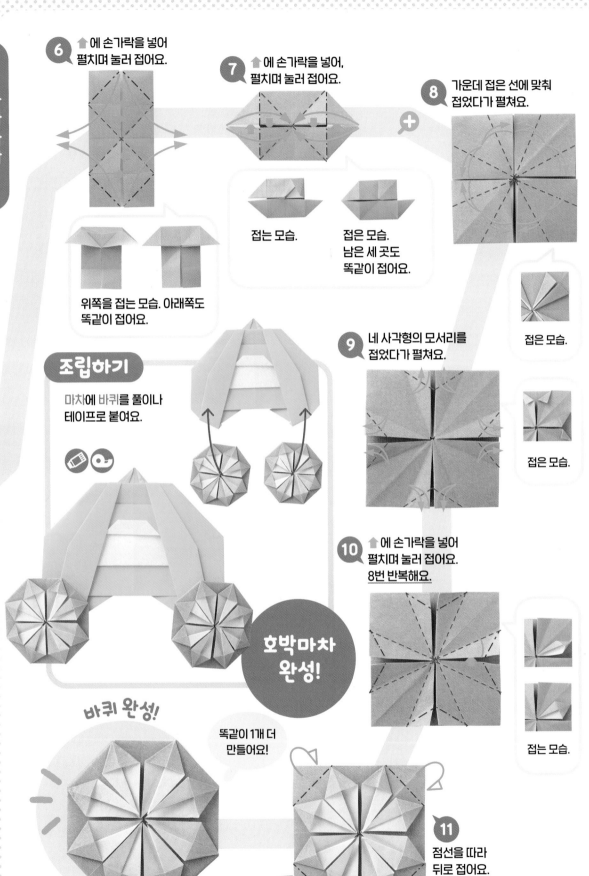

6 ⬆에 손가락을 넣어 펼치며 눌러 접어요.

7 ⬆에 손가락을 넣어, 펼치며 눌러 접어요.

8 가운데 접은 선에 맞춰 접었다가 펼쳐요.

접는 모습.

접은 모습.
남은 세 곳도
똑같이 접어요.

위쪽을 접는 모습. 아래쪽도 똑같이 접어요.

접은 모습.

조립하기

마차에 바퀴를 풀이나 테이프로 붙여요.

9 네 사각형의 모서리를 접었다가 펼쳐요.

접은 모습.

10 ⬆에 손가락을 넣어 펼치며 눌러 접어요.
8번 반복해요.

호박마차
완성!

바퀴 완성!

똑같이 1개 더 만들어요!

접는 모습.

11 점선을 따라 뒤로 접어요.

24

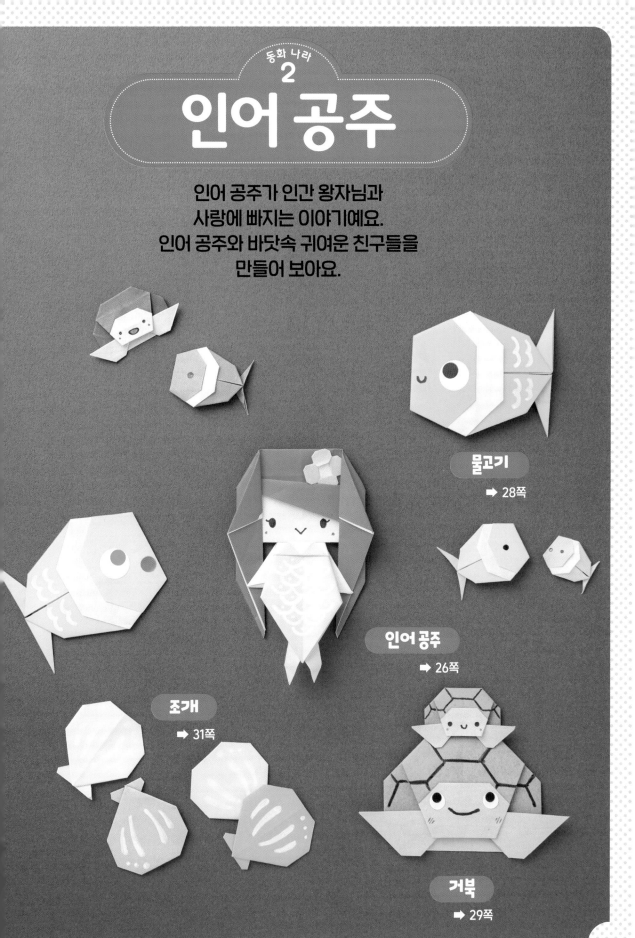

인어 공주

인어 공주가 인간 왕자님과
사랑에 빠지는 이야기예요.
인어 공주와 바닷속 귀여운 친구들을
만들어 보아요.

물고기

➡ 28쪽

인어 공주

➡ 26쪽

조개

➡ 31쪽

거북

➡ 29쪽

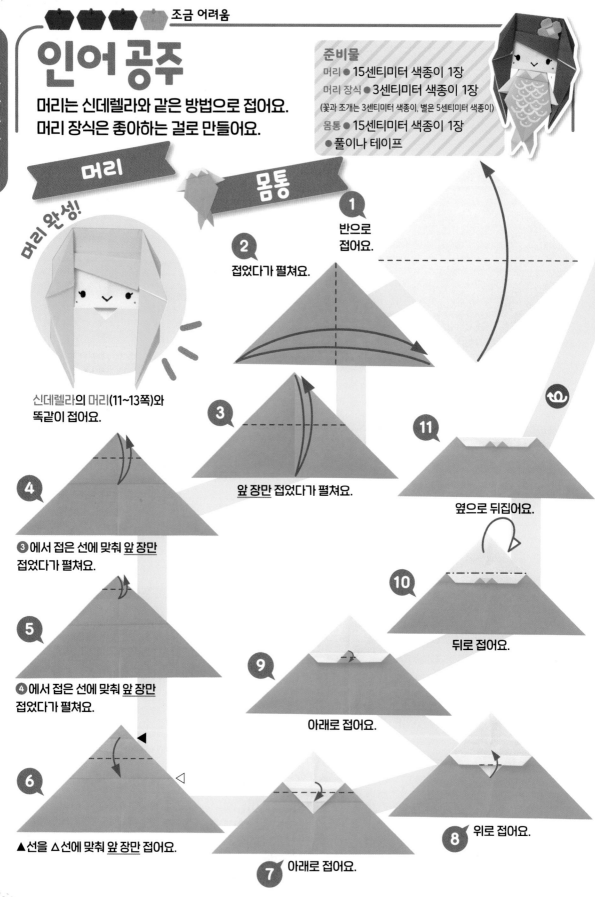

조금 어려움

인어 공주

머리는 신데렐라와 같은 방법으로 접어요.
머리 장식은 좋아하는 걸로 만들어요.

준비물
머리 ● 15센티미터 색종이 1장
머리 장식 ● 3센티미터 색종이 1장
(꽃과 조개는 3센티미터 색종이, 별은 5센티미터 색종이)
몸통 ● 15센티미터 색종이 1장
● 풀이나 테이프

머리

몸통

머리 완성!

신데렐라의 머리(11~13쪽)와
똑같이 접어요.

1 반으로 접어요.

2 접었다가 펼쳐요.

3 앞 장만 접었다가 펼쳐요.

4 ③에서 접은 선에 맞춰 앞 장만 접었다가 펼쳐요.

5 ④에서 접은 선에 맞춰 앞 장만 접었다가 펼쳐요.

6 ▲선을 △선에 맞춰 앞 장만 접어요.

7 아래로 접어요.

8 위로 접어요.

9 아래로 접어요.

10 뒤로 접어요.

11 옆으로 뒤집어요.

12 ☆과 ★을 연결하는 점선을 따라 접어요.

13 아래로 접어요.

14 ▲점선에 맞춰 접어요.

15 ○점선을 따라 비스듬히 접어요.

16 뒤로 접어요.

17 왼쪽을 **12**～**16**과 똑같이 접어요.

18 옆으로 뒤집어요.

19 ○부분을 뒤로 비스듬히 접어요.

20 옆으로 뒤집어요.

21 밖으로 접어요.

22 옆으로 뒤집어요.

몸통 완성!

머리 장식

꽃송이(151쪽), 조개(31쪽), 별(56~57쪽)을 보고 좋아하는 장식을 만들어요.

조립하기

머리에 머리 장식을 붙인 후, 몸통에 맞춰 풀이나 테이프로 붙여요.

인어 공주 완성!

비늘 모양을 그려도 좋아요.

바닷속 친구들

다양한 색이나 크기의 색종이로
바닷속 친구들을 만들어 봐요.
화려한 바닷속 세상이 펼쳐져요.

보통

준비물
물고기 ● 색종이 1장
거북 ● 색종이 1장
조개 ● 색종이 1장

물고기

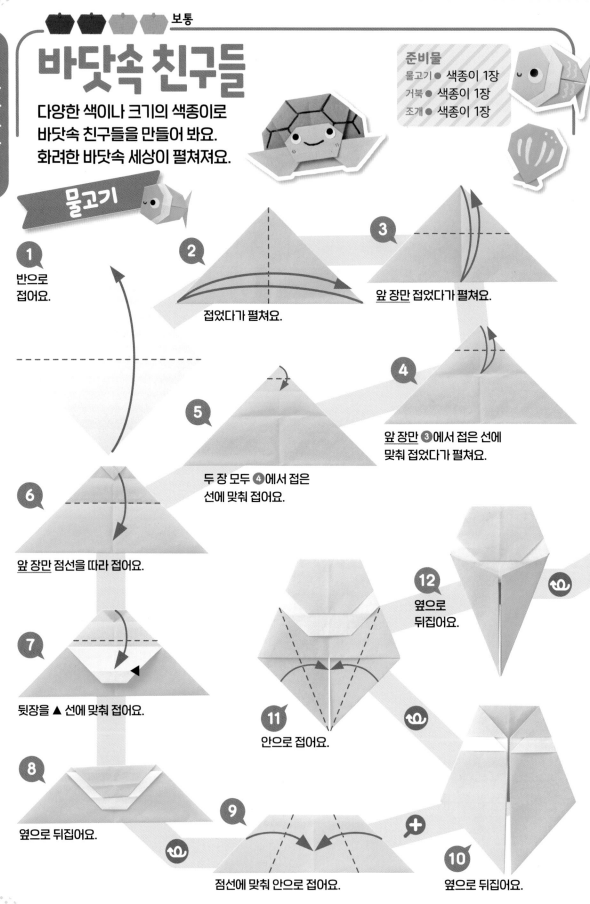

1 반으로
접어요.

2 접었다가 펼쳐요.

3 앞 장만 접었다가 펼쳐요.

4 앞 장만 ❸에서 접은 선에
맞춰 접었다가 펼쳐요.

5 두 장 모두 ❹에서 접은
선에 맞춰 접어요.

6 앞 장만 점선을 따라 접어요.

7 뒷장을 ▲ 선에 맞춰 접어요.

8 옆으로 뒤집어요.

9 점선에 맞춰 안으로 접어요.

10 옆으로 뒤집어요.

11 안으로 접어요.

12 옆으로
뒤집어요.

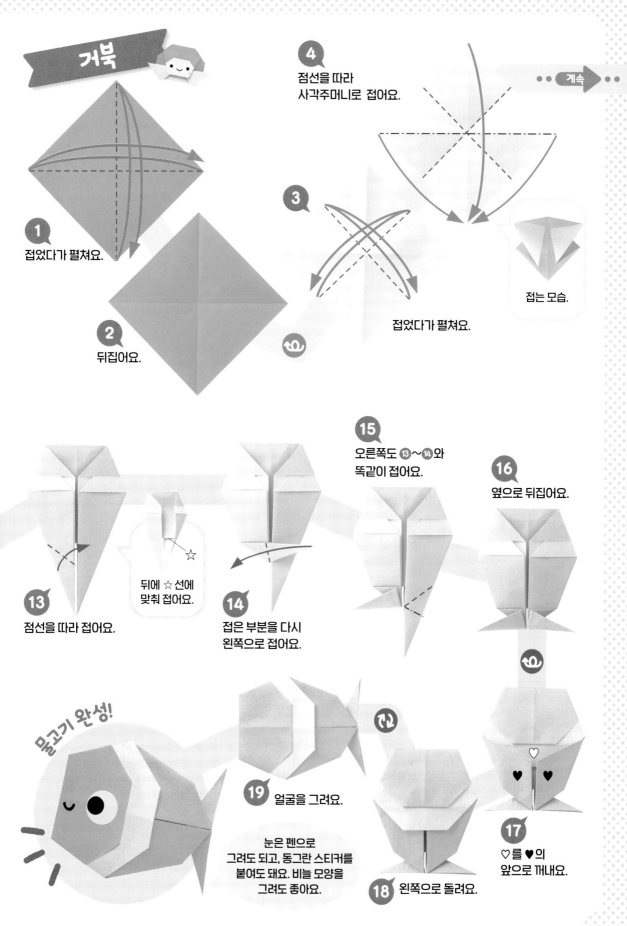

거북

1 접었다가 펼쳐요.

2 뒤집어요.

4 점선을 따라 사각주머니로 접어요.

계속

3 접었다가 펼쳐요.

접는 모습.

13 점선을 따라 접어요.

뒤에 ☆ 선에 맞춰 접어요.

14 접은 부분을 다시 왼쪽으로 접어요.

15 오른쪽도 ⑬∼⑭와 똑같이 접어요.

16 옆으로 뒤집어요.

17 ♡를 ♥의 앞으로 꺼내요.

18 왼쪽으로 돌려요.

19 얼굴을 그려요.

눈은 펜으로 그려도 되고, 동그란 스티커를 붙여도 돼요. 비늘 모양을 그려도 좋아요.

물고기 완성!

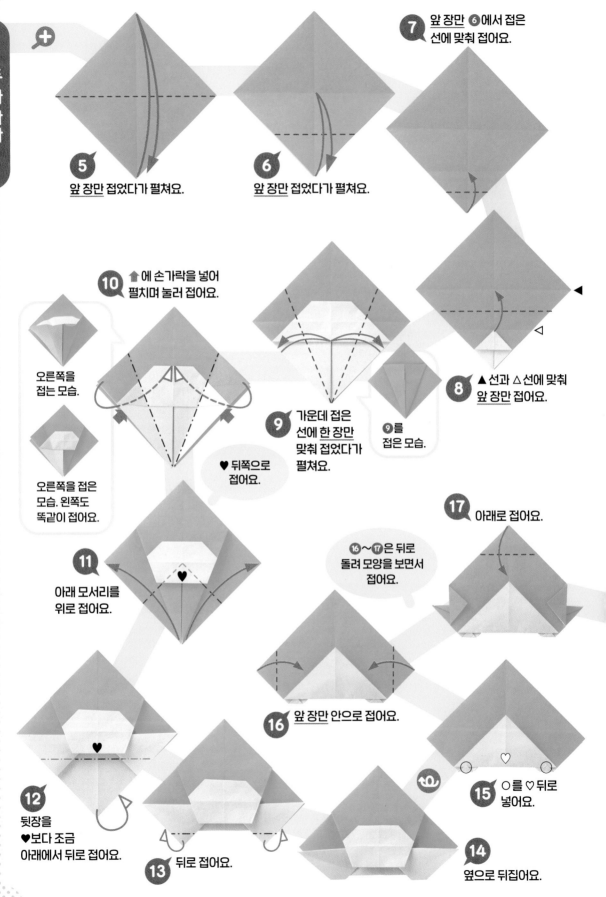

5 앞 장만 접었다가 펼쳐요.

6 앞 장만 접었다가 펼쳐요.

7 앞 장만 ⑥에서 접은 선에 맞춰 접어요.

8 ▲ 선과 △ 선에 맞춰 앞 장만 접어요.

10 ⬆에 손가락을 넣어 펼치며 눌러 접어요.

오른쪽을 접는 모습.

오른쪽을 접은 모습. 왼쪽도 똑같이 접어요.

9 가운데 접은 선에 한 장만 맞춰 접었다가 펼쳐요.

⑨를 접은 모습.

♥ 뒤쪽으로 접어요.

11 아래 모서리를 위로 접어요.

12 뒷장을 ♥보다 조금 아래에서 뒤로 접어요.

13 뒤로 접어요.

14 옆으로 뒤집어요.

15 ○를 ♥ 뒤로 넣어요.

16 앞 장만 안으로 접어요.

⑯~⑰은 뒤로 돌려 모양을 보면서 접어요.

17 아래로 접어요.

조개

1 반으로 접어요.

2 접었다가 펼쳐요.

3 양 끝을 안으로 접어요.

4 밖으로 접어요.

5 △선을 ▲선에 맞춰 접어요.

6 아래 모서리를 ♥의 뒤에서 가운데 선에 맞춰 접어요.

왼쪽도 똑같이 접어요.

♥를 다시 접어요.

♥를 펼치고 가운데 선에 맞춰 접어요.

7 위 모서리를 조금 접어요.

8 아래를 아주 조금 접어요.

9 옆으로 뒤집어요.

10 조개 무늬를 그려요.

조개 완성!

18 옆으로 돌려요.

19 얼굴과 무늬를 그려요. 눈은 동그란 스티커를 붙여 만들어도 돼요.

거북 완성!

더 재미있게 노는 꿀팁

아기 거북을 만들어 위에 올려 봐요. 엄마 거북은 15센티미터, 아기 거북은 7.5센티미터 색종이로 만들어요. 엄마 거북 윗부분을 접지 않고 거기에 아기 거북을 끼워요.

31

백설 공주

백설 공주는 일곱 명의 난쟁이와 함께 살고 있었어요.
독이 든 사과를 먹고 잠들었지만 왕자님이 구해 주었지요.
귀여운 일곱 난쟁이와 사과도 함께 접어 봐요.

사과
➡ 36쪽

백설 공주
➡ 33쪽

난쟁이
➡ 34쪽

백설 공주

신데렐라의 머리와 거의 비슷하게 접을 수 있어요. 드레스는 좋아하는 색으로 접어 봐요.

준비물
머리 ● 15센티미터 색종이 1장
머리띠 ● 5센티미터 색종이 1장
드레스 ● 15센티미터 색종이 1장
● 풀이나 테이프

머리

1 신데렐라의 머리(11~13쪽) ❶~⓯까지 같은 방법으로 접은 후, ▲에 맞춰 접어요.

2 ♥를 ♡뒤로 넣어요.

3 옆으로 뒤집어요.

4 얼굴을 그려요.

머리 완성!

머리띠

1 반으로 접었다가 펼쳐요.

2 가운데 선에 맞춰 접어요.

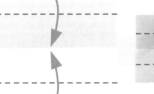

3 가운데 선에 맞춰 접어요.

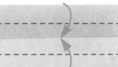

4 반으로 접어요.

머리띠 완성!

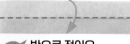

드레스

드레스 완성!

신데렐라의 드레스(12~14쪽)와 똑같이 접어요.

조립하기

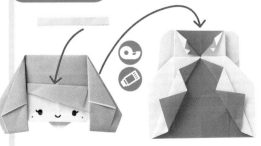

머리띠를 머리의 틈에 끼워 넣고, 머리를 풀이나 테이프로 드레스와 겹치게 붙여요.

백설 공주 완성!

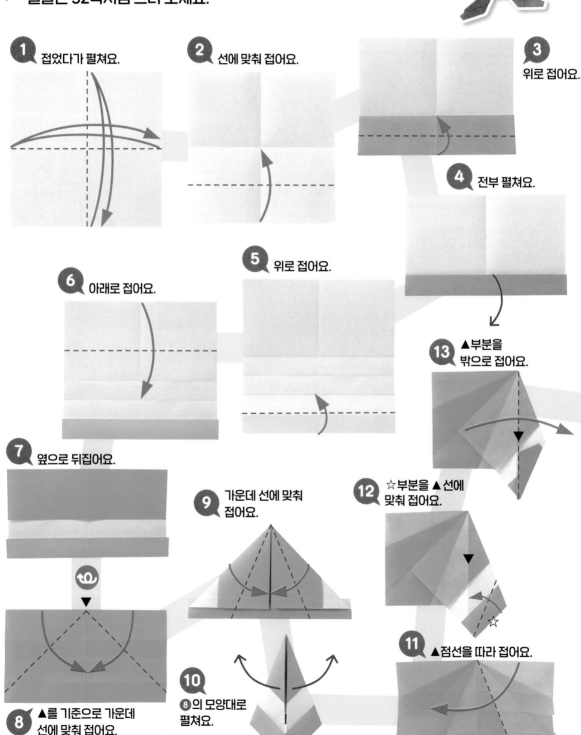

조금 어려움

난쟁이

준비물
● 색종이 1장

고깔모자를 쓴 귀여운 난쟁이를 여러 가지 색으로 만들어 봐요.
얼굴은 32쪽처럼 그려 보세요.

1 접었다가 펼쳐요.

2 선에 맞춰 접어요.

3 위로 접어요.

4 전부 펼쳐요.

5 위로 접어요.

6 아래로 접어요.

7 옆으로 뒤집어요.

8 ▲를 기준으로 가운데 선에 맞춰 접어요.

9 가운데 선에 맞춰 접어요.

10 **8**의 모양대로 펼쳐요.

11 ▲점선을 따라 접어요.

12 ☆부분을 ▲선에 맞춰 접어요.

13 ▲부분을 밖으로 접어요.

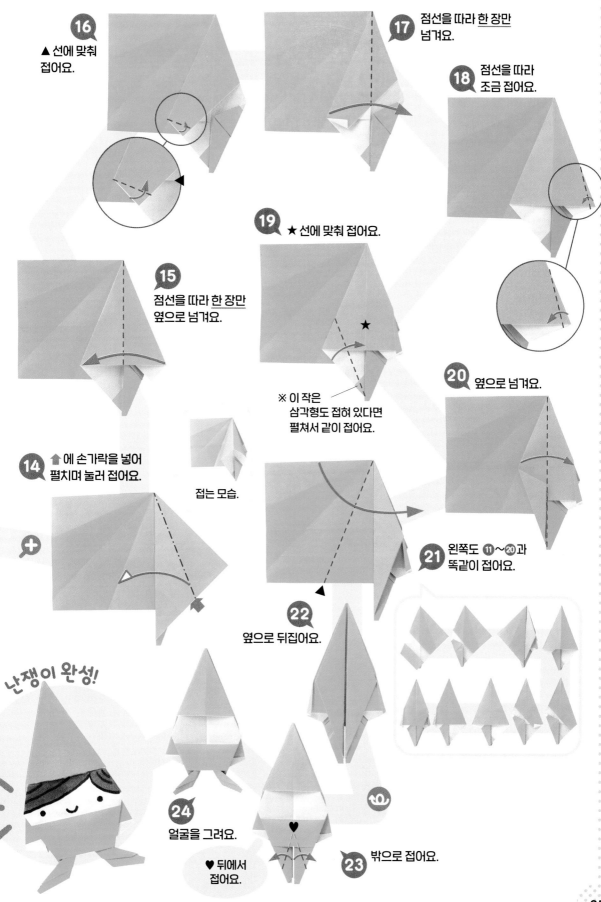

16 ▲ 선에 맞춰 접어요.

17 점선을 따라 한 장만 넘겨요.

18 점선을 따라 조금 접어요.

19 ★ 선에 맞춰 접어요.

※ 이 작은 삼각형도 접혀 있다면 펼쳐서 같이 접어요.

15 점선을 따라 한 장만 옆으로 넘겨요.

20 옆으로 넘겨요.

14 ⬆에 손가락을 넣어 펼치며 눌러 접어요.

접는 모습.

21 왼쪽도 ⑪~⑳과 똑같이 접어요.

22 옆으로 뒤집어요.

난쟁이 완성!

24 얼굴을 그려요.

♥ 뒤에서 접어요.

23 밖으로 접어요.

35

보통

사과

종이접기를 할 때 꾹꾹 눌러 접으면 훨씬 쉽게
접을 수 있어요. 사과 꼭지 부분을 색칠하면 더 좋아요.

준비물
● 색종이 1장

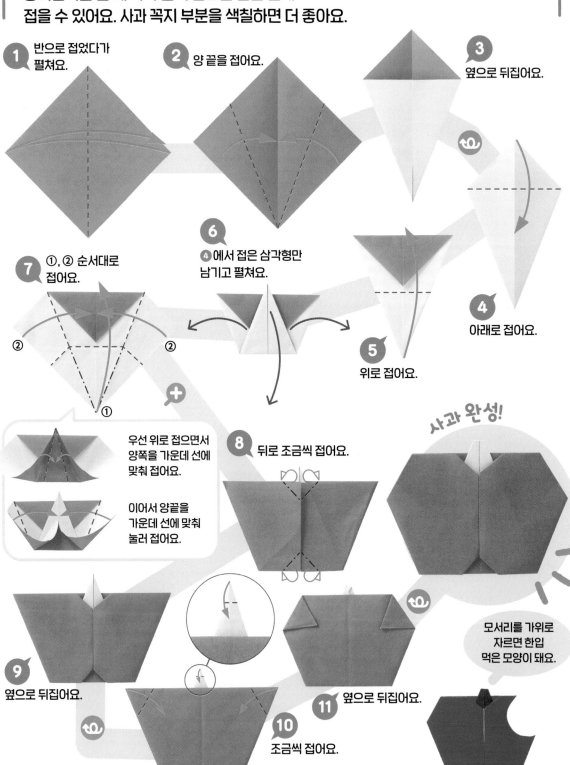

1 반으로 접었다가 펼쳐요.

2 양 끝을 접어요.

3 옆으로 뒤집어요.

4 아래로 접어요.

5 위로 접어요.

6 ④에서 접은 삼각형만 남기고 펼쳐요.

7 ①, ② 순서대로 접어요.

우선 위로 접으면서 양쪽을 가운데 선에 맞춰 접어요.

이어서 양끝을 가운데 선에 맞춰 눌러 접어요.

8 뒤로 조금씩 접어요.

9 옆으로 뒤집어요.

10 조금씩 접어요.

11 옆으로 뒤집어요.

사과 완성!

모서리를 가위로 자르면 한입 먹은 모양이 돼요.

멋내기 필수품

갖고 싶은 액세서리와 화장품을
종이접기로 만들 수 있어요.
실제 착용할 수 있는 티아라나
반지, 팔찌도 만들 수 있지요.
파우치나 손거울도 만들어서
어른이 된 기분을 느껴 봐요.

★★★★★ 조금 어려움 액세서리

반짝반짝 팔찌

각 부분을 4개 조립해 만들어요.
색종이의 앞면으로 접는지, 뒷면으로
접는지에 따라 모양이 달라져요.

준비물
● 7.5센티미터 색종이 4장

※책에 나온 사진은 따라 하기 쉽게
15센티미터 색종이로 만들었어요.

멋내기 필수품

부분 접기

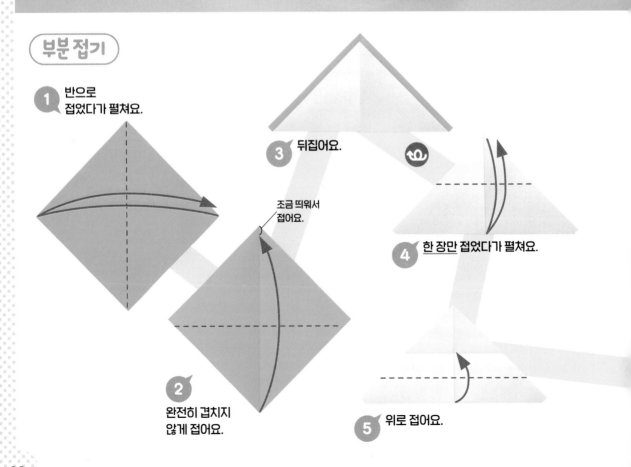

1 반으로
접었다가 펼쳐요.

2 완전히 겹치지
않게 접어요.

3 뒤집어요.

조금 띄워서
접어요.

4 한 장만 접었다가 펼쳐요.

5 위로 접어요.

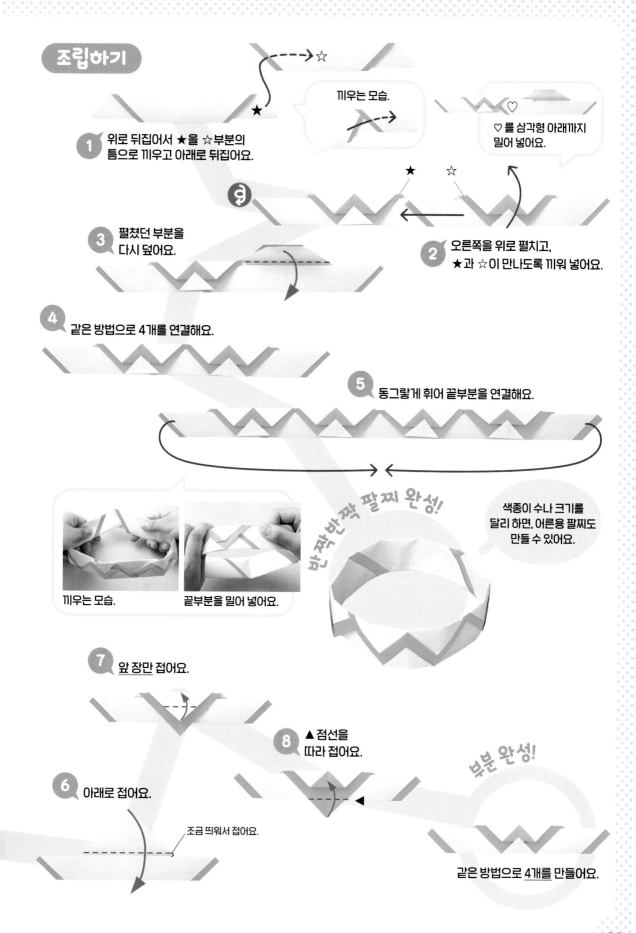

조립하기

끼우는 모습.

☆

★

1 위로 뒤집어서 ★을 ☆부분의
틈으로 끼우고 아래로 뒤집어요.

♡ 를 삼각형 아래까지
밀어 넣어요.

♡

★   ☆

3 펼쳤던 부분을
다시 덮어요.

2 오른쪽을 위로 펼치고,
★과 ☆이 만나도록 끼워 넣어요.

4 같은 방법으로 4개를 연결해요.

5 동그랗게 휘어 끝부분을 연결해요.

끼우는 모습.

끝부분을 밀어 넣어요.

한 짝 팔찌 완성!

색종이 수나 크기를
달리 하면, 어른용 팔찌도
만들 수 있어요.

7 앞 장만 접어요.

8 ▲ 점선을
따라 접어요.

부분 완성!

6 아래로 접어요.

조금 띄워서 접어요.

같은 방법으로 4개를 만들어요.

39

나뭇잎 팔찌

나뭇잎을 연결한 것처럼 보이는 팔찌예요.
색을 달리해서 화려하게 만들어도 좋아요.

준비물
● 7.5센티미터 색종이 6장

※책에 나온 사진은 따라 하기 쉽게
15센티미터 색종이로 만들었어요.

부분 접기

1 반으로 접어요.

2 점선만큼만 반으로
접었다가 펼쳐요.

②를
접는 모습.

3 두 장 모두
접었다가 펼쳐요.

4 위로 접어요.

5 아래로 접어요.

6 위로 접어요.

7 한 장만 아래로 접어요.

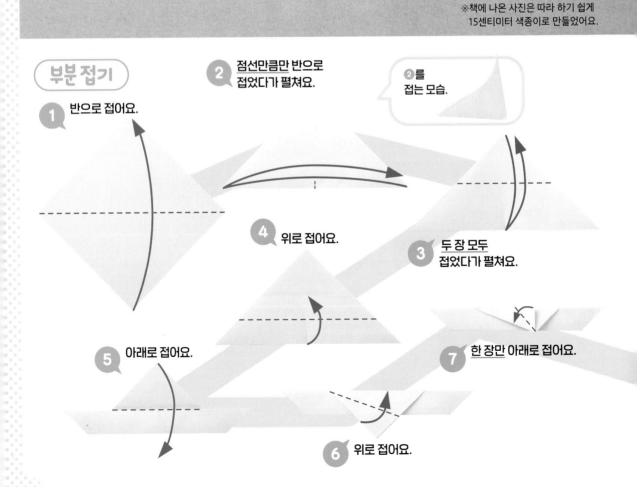

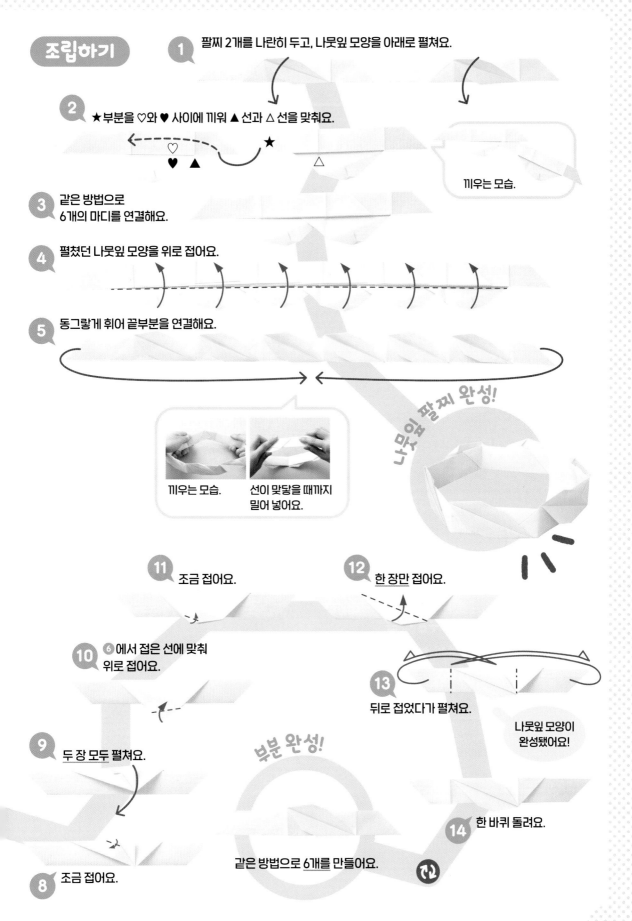

조립하기

1 팔찌 2개를 나란히 두고, 나뭇잎 모양을 아래로 펼쳐요.

2 ★부분을 ♡와 ♥ 사이에 끼워 ▲ 선과 △ 선을 맞춰요.

끼우는 모습.

3 같은 방법으로
6개의 마디를 연결해요.

4 펼쳤던 나뭇잎 모양을 위로 접어요.

5 동그랗게 휘어 끝부분을 연결해요.

나뭇잎 팔찌 완성!

끼우는 모습.   선이 맞닿을 때까지
밀어 넣어요.

11 조금 접어요.

12 한 장만 접어요.

10 ⑥에서 접은 선에 맞춰
위로 접어요.

13 뒤로 접었다가 펼쳐요.

나뭇잎 모양이
완성됐어요!

9 두 장 모두 펼쳐요.

부분 완성!

14 한 바퀴 돌려요.

8 조금 접어요.

같은 방법으로 6개를 만들어요.

★★★★★ 조금 어려움　　액세서리

티아라와 왕관

각 부분을 만들어서 조립해요.
15센티미터 색종이로 접으면
직접 머리에 쓸 수도 있어요.
작게 만들어도 귀여워요.

멋내기 필수품

준비물
티아라 ● 색종이 6장
왕관 ● 색종이 6장
장식 ● 원하는 모양의 스티커

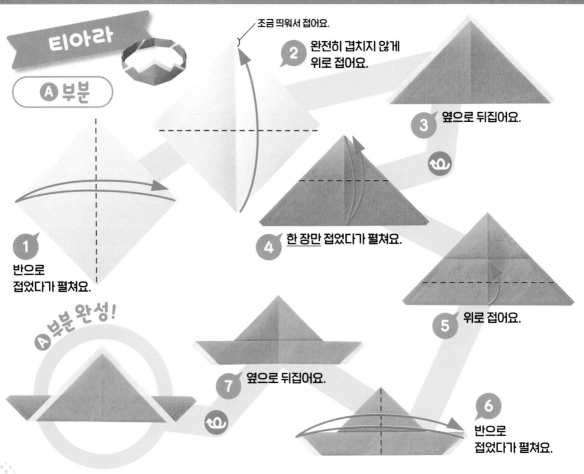

티아라

A 부분

조금 띄워서 접어요.

2 완전히 겹치지 않게 위로 접어요.

3 옆으로 뒤집어요.

4 한 장만 접었다가 펼쳐요.

5 위로 접어요.

1 반으로 접었다가 펼쳐요.

A 부분 완성!

7 옆으로 뒤집어요.

6 반으로 접었다가 펼쳐요.

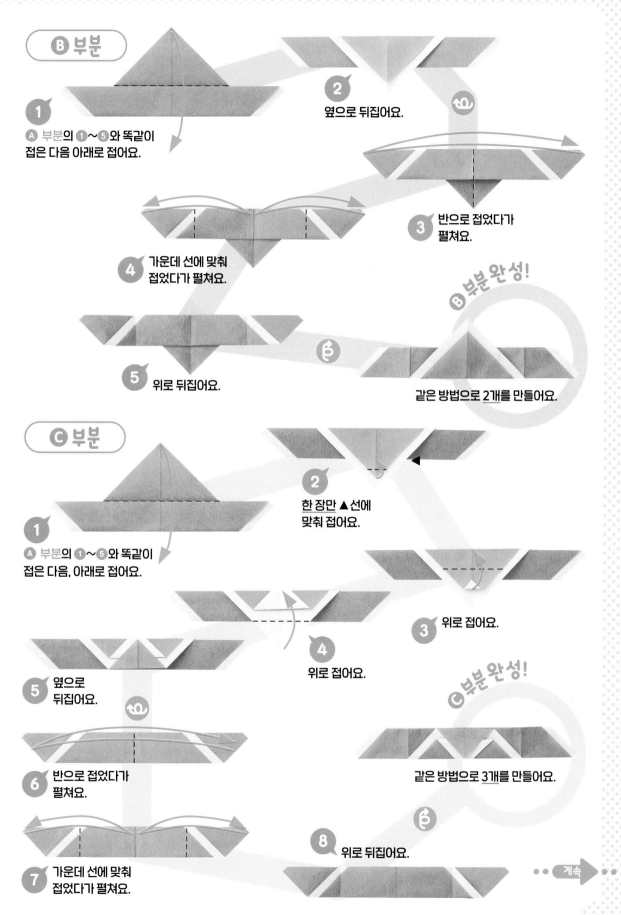

B 부분

1 A 부분의 ① ~ ⑤와 똑같이 접은 다음 아래로 접어요.

2 옆으로 뒤집어요.

3 반으로 접었다가 펼쳐요.

4 가운데 선에 맞춰 접었다가 펼쳐요.

5 위로 뒤집어요.

B 부분 완성!

같은 방법으로 2개를 만들어요.

C 부분

1 A 부분의 ① ~ ⑤와 똑같이 접은 다음, 아래로 접어요.

2 한 장만 ▲ 선에 맞춰 접어요.

3 위로 접어요.

4 위로 접어요.

5 옆으로 뒤집어요.

6 반으로 접었다가 펼쳐요.

7 가운데 선에 맞춰 접었다가 펼쳐요.

8 위로 뒤집어요.

C 부분 완성!

같은 방법으로 3개를 만들어요.

계속

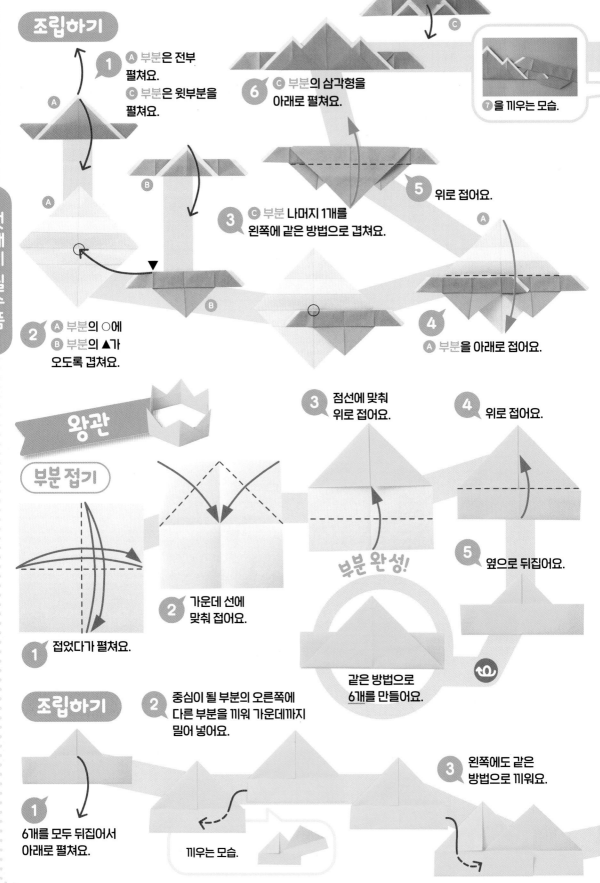

조립하기

1 Ⓐ 부분은 전부 펼쳐요.
Ⓒ 부분은 윗부분을 펼쳐요.

6 Ⓒ 부분의 삼각형을 아래로 펼쳐요.

7 을 끼우는 모습.

3 Ⓒ 부분 나머지 1개를 왼쪽에 같은 방법으로 겹쳐요.

5 위로 접어요.

2 Ⓐ 부분의 ○에 Ⓑ 부분의 ▲가 오도록 겹쳐요.

4 Ⓐ 부분을 아래로 접어요.

왕관

부분 접기

3 점선에 맞춰 위로 접어요.

4 위로 접어요.

1 접었다가 펼쳐요.

2 가운데 선에 맞춰 접어요.

부분 완성!

5 옆으로 뒤집어요.

같은 방법으로 6개를 만들어요.

조립하기

2 중심이 될 부분의 오른쪽에 다른 부분을 끼워 가운데까지 밀어 넣어요.

3 왼쪽에도 같은 방법으로 끼워요.

1 6개를 모두 뒤집어서 아래로 펼쳐요.

끼우는 모습.

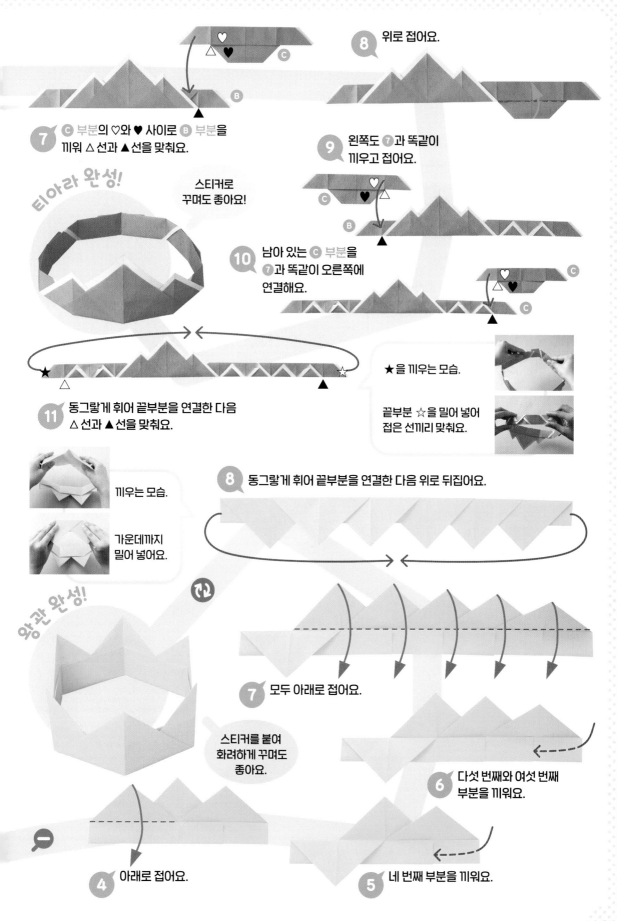

8 위로 접어요.

7 ⓒ 부분의 ♡와 ♥ 사이로 ⓑ 부분을 끼워 △선과 ▲선을 맞춰요.

티아라 완성!

스티커로 꾸며도 좋아요!

9 왼쪽도 **7**과 똑같이 끼우고 접어요.

10 남아 있는 ⓒ 부분을 **7**과 똑같이 오른쪽에 연결해요.

★을 끼우는 모습.

끝부분 ☆을 밀어 넣어 접은 선끼리 맞춰요.

11 동그랗게 휘어 끝부분을 연결한 다음 △선과 ▲선을 맞춰요.

끼우는 모습.

가운데까지 밀어 넣어요.

8 동그랗게 휘어 끝부분을 연결한 다음 위로 뒤집어요.

왕관 완성!

7 모두 아래로 접어요.

스티커를 붙여 화려하게 꾸며도 좋아요.

6 다섯 번째와 여섯 번째 부분을 끼워요.

4 아래로 접어요.

5 네 번째 부분을 끼워요.

45

동물 반지

접는 방법을 조금씩 달리 하면 5개의
동물 반지를 만들 수 있어요. 손가락 인형처럼
가지고 놀아도 재미있지요.

준비물
7.5센티미터 색종이 1장씩
＊15센티미터 색종이로 만들면
　팔찌가 돼요.

※책에 나온 사진은 따라 하기 쉽게
　15센티미터 색종이로 만들었어요.

멋내기 필수품

코알라 반지
➡ 49쪽

토끼 반지
➡ 46쪽

강아지 반지
➡ 49쪽

고양이 반지
➡ 48쪽

곰 반지
➡ 48쪽

토끼 반지

1 접었다가 펼쳐요.

2 점선을 따라 접어요.

3 다시 한번 접어요.

4 한 번 더 접어요.

5 모두 펼쳐요.

6 위로 접어요.

7 옆으로 뒤집어요.

8 ○에 맞춰 접어요.

9 옆으로 뒤집어요.

10 ▲선을 △선에 맞춰 접어요.

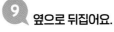
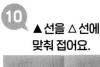
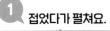
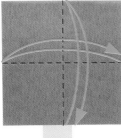

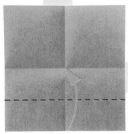

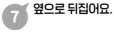

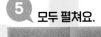

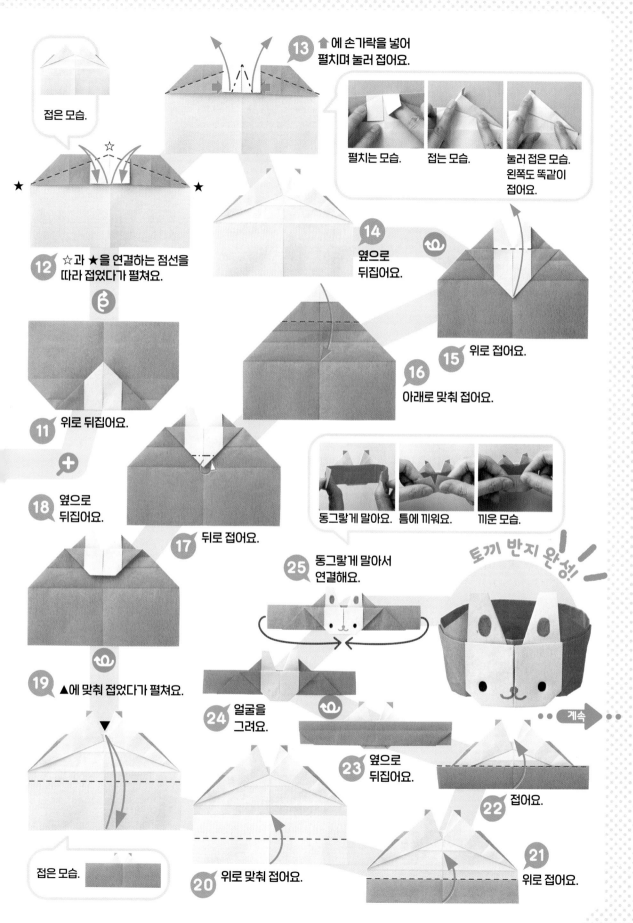

접은 모습.

13 ☝에 손가락을 넣어
펼치며 눌러 접어요.

펼치는 모습.　　접는 모습.　　눌러 접은 모습.
　　　　　　　　　　　　　　　왼쪽도 똑같이
　　　　　　　　　　　　　　　접어요.

☆

★ ★

12 ☆과 ★을 연결하는 점선을
따라 접었다가 펼쳐요.

14 옆으로
뒤집어요.

15 위로 접어요.

16 아래로 맞춰 접어요.

11 위로 뒤집어요.

18 옆으로
뒤집어요.

17 뒤로 접어요.

동그랗게 말아요.　틈에 끼워요.　끼운 모습.

25 동그랗게 말아서
연결해요.

토끼 반지 완성!!

19 ▲에 맞춰 접었다가 펼쳐요.

24 얼굴을
그려요.

23 옆으로
뒤집어요.

계속

22 접어요.

접은 모습.

20 위로 맞춰 접어요.

21 위로 접어요.

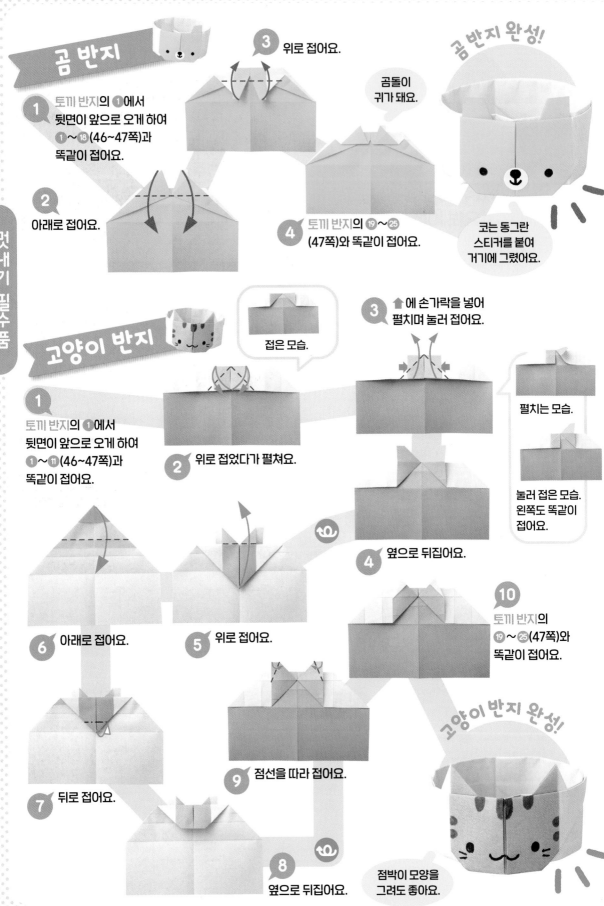

곰 반지

1 토끼 반지의 **①**에서 뒷면이 앞으로 오게 하여 **①~⑱**(46~47쪽)과 똑같이 접어요.

2 아래로 접어요.

3 위로 접어요.

곰돌이 귀가 돼요.

4 토끼 반지의 **⑲~㉕** (47쪽)와 똑같이 접어요.

곰 반지 완성!

코는 동그란 스티커를 붙여 거기에 그렸어요.

멋내기 필수품

고양이 반지

1 토끼 반지의 **①**에서 뒷면이 앞으로 오게 하여 **①~⑪**(46~47쪽)과 똑같이 접어요.

접은 모습.

2 위로 접었다가 펼쳐요.

3 ⬆에 손가락을 넣어 펼치며 눌러 접어요.

펼치는 모습.

눌러 접은 모습. 왼쪽도 똑같이 접어요.

4 옆으로 뒤집어요.

10 토끼 반지의 **⑲~㉕**(47쪽)와 똑같이 접어요.

6 아래로 접어요.

5 위로 접어요.

7 뒤로 접어요.

9 점선을 따라 접어요.

8 옆으로 뒤집어요.

고양이 반지 완성!

점박이 모양을 그려도 좋아요.

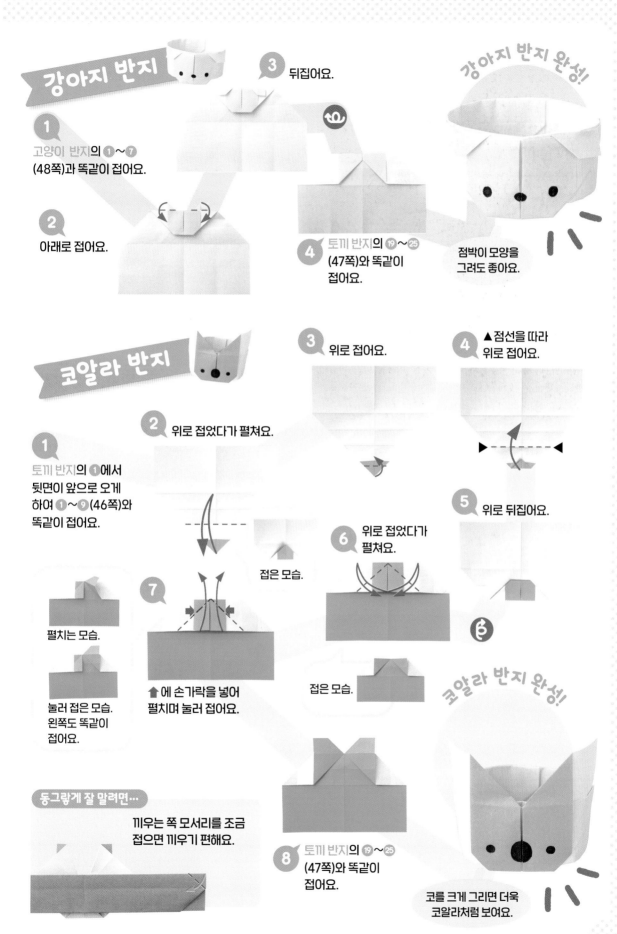

강아지 반지

1 고양이 반지의 ①~⑦ (48쪽)과 똑같이 접어요.

2 아래로 접어요.

3 뒤집어요.

4 토끼 반지의 ⑲~㉕ (47쪽)와 똑같이 접어요.

강아지 반지 완성!

점박이 모양을 그려도 좋아요.

코알라 반지

1 토끼 반지의 ①에서 뒷면이 앞으로 오게 하여 ①~⑨(46쪽)와 똑같이 접어요.

2 위로 접었다가 펼쳐요.

접은 모습.

펼치는 모습.

눌러 접은 모습. 왼쪽도 똑같이 접어요.

3 위로 접어요.

7 ⬆에 손가락을 넣어 펼치며 눌러 접어요.

4 ▲점선을 따라 위로 접어요.

5 위로 뒤집어요.

6 위로 접었다가 펼쳐요.

접은 모습.

코알라 반지 완성!

동그랗게 잘 말려면…

끼우는 쪽 모서리를 조금 접으면 끼우기 편해요.

8 토끼 반지의 ⑲~㉕ (47쪽)와 똑같이 접어요.

코를 크게 그리면 더욱 코알라처럼 보여요.

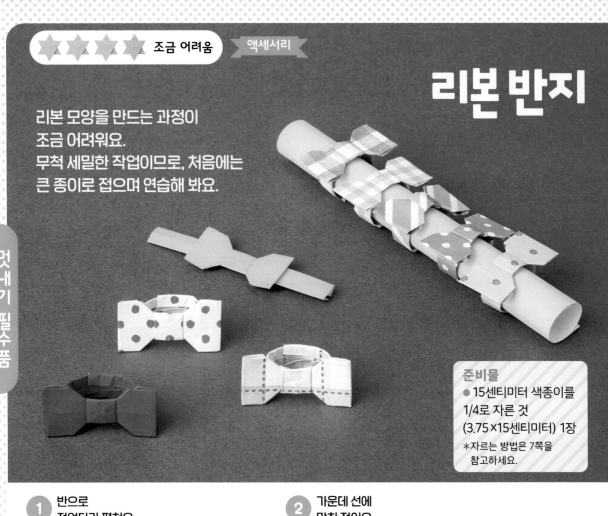

★★★★☆ 조금 어려움 ▶액세서리

리본 반지

리본 모양을 만드는 과정이
조금 어려워요.
무척 세밀한 작업이므로, 처음에는
큰 종이로 접으며 연습해 봐요.

멋내기 필수품

준비물
● 15센티미터 색종이를
1/4로 자른 것
(3.75×15센티미터) 1장
＊자르는 방법은 7쪽을
참고하세요.

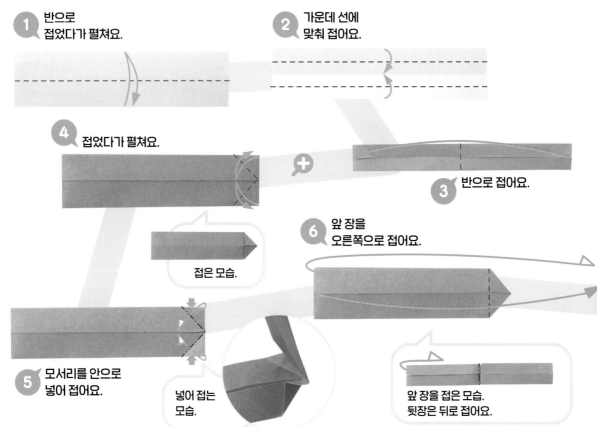

1 반으로
접었다가 펼쳐요.

2 가운데 선에
맞춰 접어요.

4 접었다가 펼쳐요.

＋

3 반으로 접어요.

접은 모습.

6 앞 장을
오른쪽으로 접어요.

5 모서리를 안으로
넣어 접어요.

넣어 접는
모습.

앞 장을 접은 모습.
뒷장은 뒤로 접어요.

50

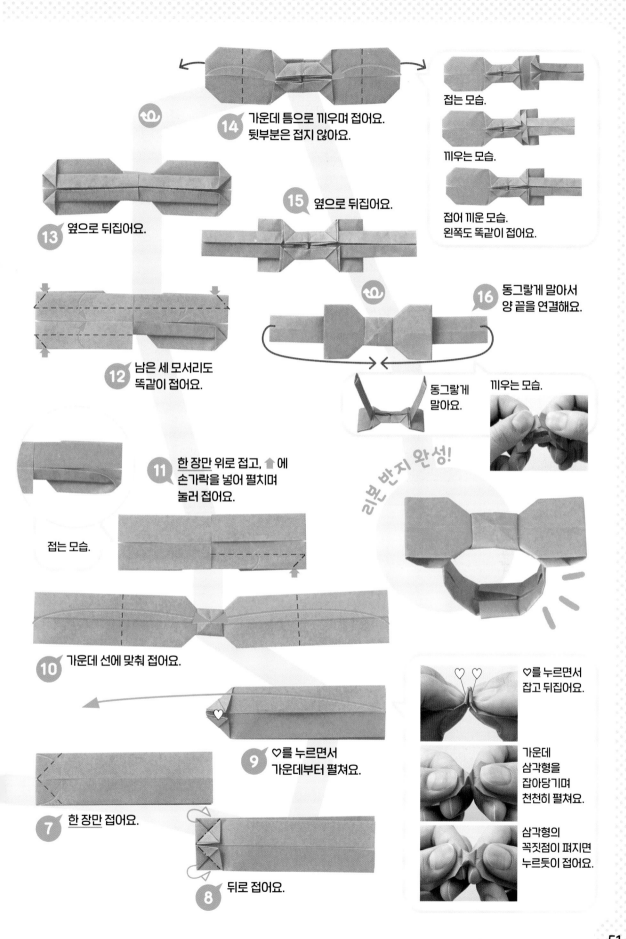

14 가운데 틈으로 끼우며 접어요.
뒷부분은 접지 않아요.

접는 모습.

끼우는 모습.

접어 끼운 모습.
왼쪽도 똑같이 접어요.

13 옆으로 뒤집어요.

15 옆으로 뒤집어요.

16 동그랗게 말아서
양 끝을 연결해요.

12 남은 세 모서리도
똑같이 접어요.

동그랗게
말아요.

끼우는 모습.

리본 반지 완성!

11 한 장만 위로 접고, ⬆에
손가락을 넣어 펼치며
눌러 접어요.

접는 모습.

10 가운데 선에 맞춰 접어요.

♡를 누르면서
잡고 뒤집어요.

가운데
삼각형을
잡아당기며
천천히 펼쳐요.

9 ♡를 누르면서
가운데부터 펼쳐요.

7 한 장만 접어요.

삼각형의
꼭짓점이 펴지면
누르듯이 접어요.

8 뒤로 접어요.

★★★★★ 어려움 액세서리

반지 상자

상자를 두 개 접은 후 조립해서 만들어요.
진짜 반지 상자처럼 만들 수 있어요.

준비물
뚜껑 ● 15센티미터 색종이 1개
상자 ● 15센티미터 색종이 1개
안쪽 부분 ● 15센티미터 색종이 2개
● 테이프, 가위

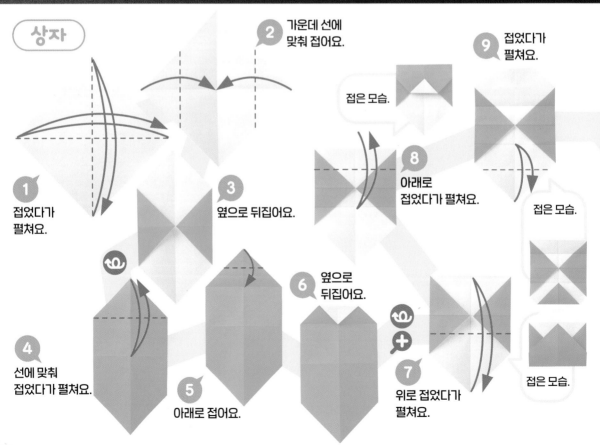

상자

1 접었다가 펼쳐요.

2 가운데 선에 맞춰 접어요.

3 옆으로 뒤집어요.

4 선에 맞춰 접었다가 펼쳐요.

5 아래로 접어요.

6 옆으로 뒤집어요.

7 위로 접었다가 펼쳐요.

8 아래로 접었다가 펼쳐요.

9 접었다가 펼쳐요.

접은 모습.

접은 모습.

접은 모습.

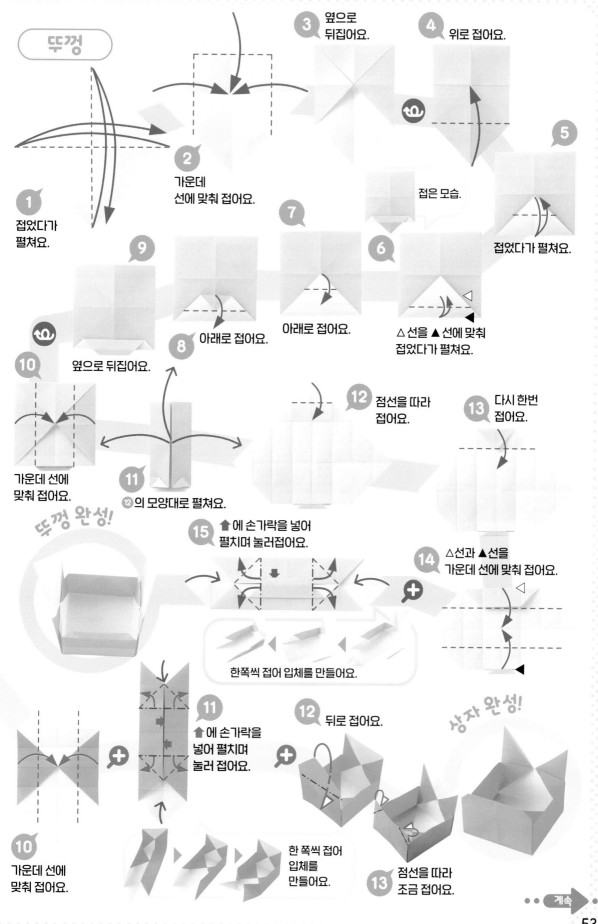

뚜껑

1 접었다가 펼쳐요.

2 가운데 선에 맞춰 접어요.

3 옆으로 뒤집어요.

4 위로 접어요.

5 접었다가 펼쳐요.

6 △ 선을 ▲ 선에 맞춰 접었다가 펼쳐요.

접은 모습.

7 아래로 접어요.

8 아래로 접어요.

9 옆으로 뒤집어요.

10 가운데 선에 맞춰 접어요.

11 ⑫의 모양대로 펼쳐요.

12 점선을 따라 접어요.

13 다시 한번 접어요.

14 △선과 ▲선을 가운데 선에 맞춰 접어요.

15 ♠에 손가락을 넣어 펼치며 눌러접어요.

한쪽씩 접어 입체를 만들어요.

뚜껑 완성!

10 가운데 선에 맞춰 접어요.

11 ♠에 손가락을 넣어 펼치며 눌러 접어요.

한 쪽씩 접어 입체를 만들어요.

12 뒤로 접어요.

13 점선을 따라 조금 접어요.

상자 완성!

계속

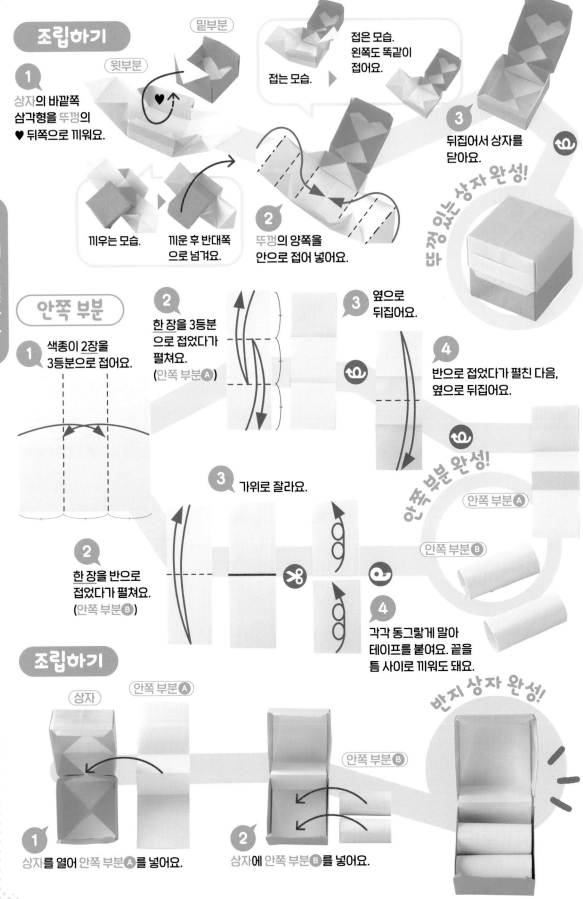

조립하기

1 상자의 바깥쪽 삼각형을 뚜껑의 ♥ 뒤쪽으로 끼워요.

밑부분

윗부분

끼우는 모습.

끼운 후 반대쪽으로 넘겨요.

접는 모습. ▶ 접은 모습. 왼쪽도 똑같이 접어요.

2 뚜껑의 양쪽을 안으로 접어 넣어요.

3 뒤집어서 상자를 닫아요.

뚜껑 없는 상자 완성!

안쪽 부분

1 색종이 2장을 3등분으로 접어요.

2 한 장을 3등분으로 접었다가 펼쳐요. (안쪽 부분Ⓐ)

3 옆으로 뒤집어요.

4 반으로 접었다가 펼친 다음, 옆으로 뒤집어요.

안쪽 부분 완성!

2 한 장을 반으로 접었다가 펼쳐요. (안쪽 부분Ⓑ)

3 가위로 잘라요.

4 각각 동그랗게 말아 테이프를 붙여요. 끝을 틈 사이로 끼워도 돼요.

안쪽 부분Ⓐ

안쪽 부분Ⓑ

조립하기

상자

안쪽 부분Ⓐ

안쪽 부분Ⓑ

1 상자를 열어 안쪽 부분Ⓐ를 넣어요.

2 상자에 안쪽 부분Ⓑ를 넣어요.

반지 상자 완성!

모양 펜던트

펜던트 접는 방법을 4가지 소개할게요.
하트 접기는 좀 어렵지만 나머지는
쉽게 따라 할 수 있어요.

준비물
하트, 달, 별 ● 색종이 1장
태양 ● 색종이 2장
● 끈 60~80센티미터, 테이프

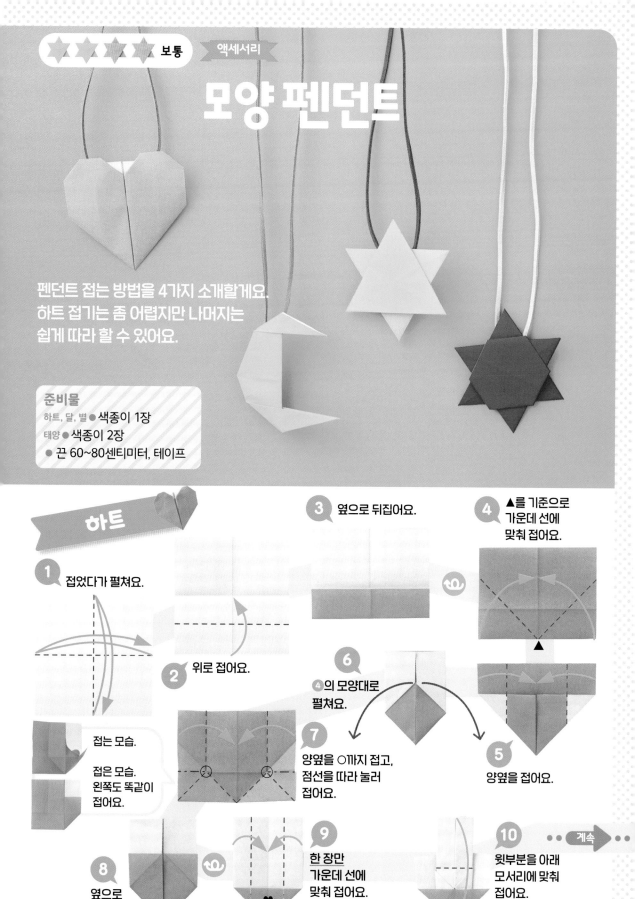

하트

1 접었다가 펼쳐요.

접는 모습.

접은 모습.
왼쪽도 똑같이
접어요.

2 위로 접어요.

3 옆으로 뒤집어요.

4 ▲를 기준으로
가운데 선에
맞춰 접어요.

5 양옆을 접어요.

6 ④의 모양대로
펼쳐요.

7 양옆을 ○까지 접고,
점선을 따라 눌러
접어요.

8 옆으로
뒤집어요.

9 한 장만
가운데 선에
맞춰 접어요.

♥ 안쪽까지 접어요.

10 윗부분을 아래
모서리에 맞춰
접어요.

계속

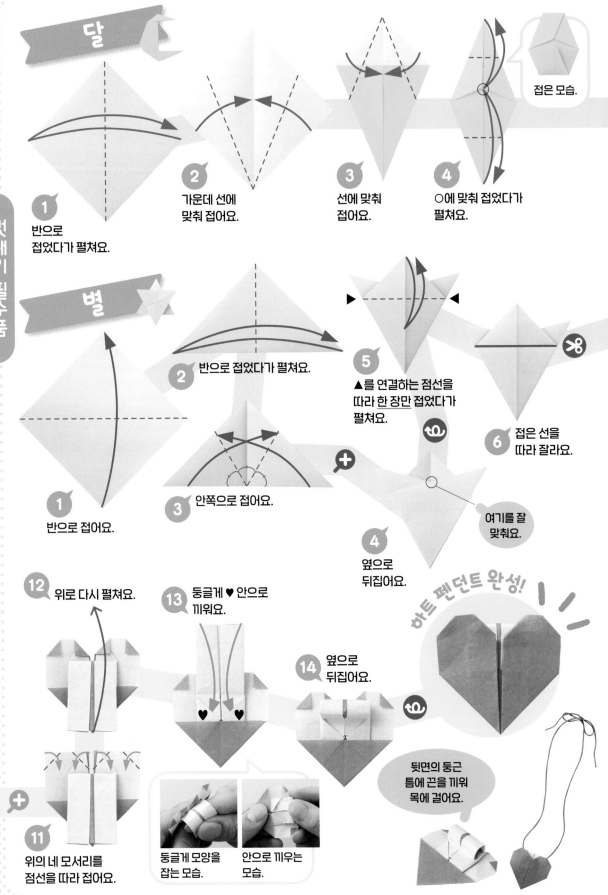

달

1
반으로
접었다가 펼쳐요.

2
가운데 선에
맞춰 접어요.

3
선에 맞춰
접어요.

4
○에 맞춰 접었다가
펼쳐요.

접은 모습.

별

1
반으로 접어요.

2
반으로 접었다가 펼쳐요.

3
안쪽으로 접어요.

4
옆으로
뒤집어요.

5
▲를 연결하는 점선을
따라 한 장만 접었다가
펼쳐요.

여기를 잘
맞춰요.

6
접은 선을
따라 잘라요.

11
위의 네 모서리를
점선을 따라 접어요.

12
위로 다시 펼쳐요.

13
둥글게 ♥ 안으로
끼워요.

14
옆으로
뒤집어요.

하트 펜던트 완성!

둥글게 모양을
잡는 모습.

안으로 끼우는
모습.

뒷면의 둥근
틈에 끈을 끼워
목에 걸어요.

56

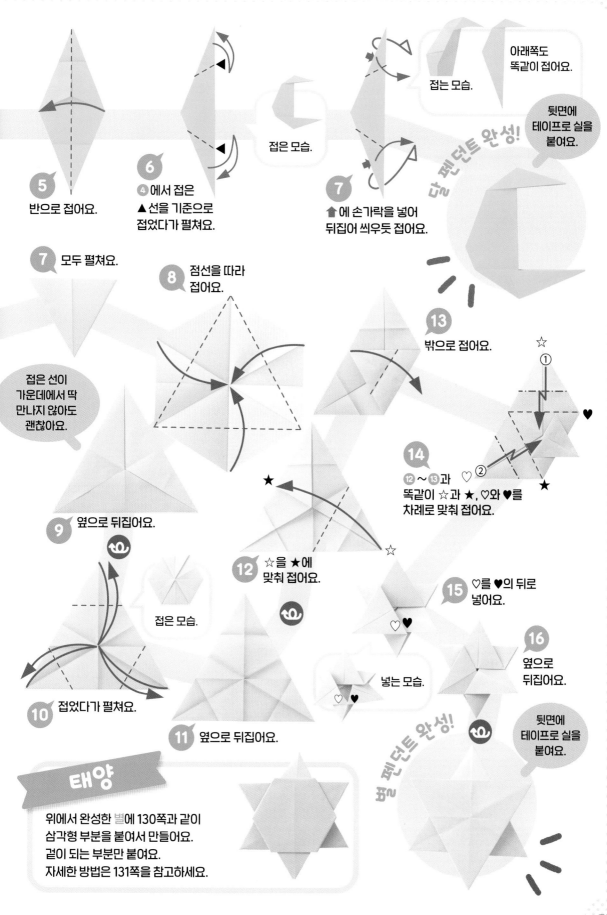

5 반으로 접어요.

6 ④에서 접은 ▲선을 기준으로 접었다가 펼쳐요.

접은 모습.

7 ☝에 손가락을 넣어 뒤집어 씌우듯 접어요.

접는 모습.

아래쪽도 똑같이 접어요.

달 펜던트 완성!

뒷면에 테이프로 실을 붙여요.

7 모두 펼쳐요.

8 점선을 따라 접어요.

접은 선이 가운데에서 딱 만나지 않아도 괜찮아요.

13 밖으로 접어요.

14 ⑫~⑬과 똑같이 ☆과 ★, ♡와 ♥를 차례로 맞춰 접어요.

9 옆으로 뒤집어요.

접은 모습.

12 ☆을 ★에 맞춰 접어요.

15 ♡를 ♥의 뒤로 넣어요.

넣는 모습.

16 옆으로 뒤집어요.

10 접었다가 펼쳐요.

11 옆으로 뒤집어요.

뒷면에 테이프로 실을 붙여요.

별 펜던트 완성!

태양

위에서 완성한 별에 130쪽과 같이 삼각형 부분을 붙여서 만들어요. 겉이 되는 부분만 붙여요. 자세한 방법은 131쪽을 참고하세요.

★★★★☆ 보통   화장품

콤팩트와 퍼프

화장할 때 쓰는 도구예요.
얼굴을 톡톡 두드리는 퍼프도 있어서
진짜 화장품 같아요!

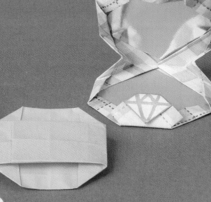

준비물
콤팩트 ● 15센티미터 색종이 1장
＊거울과 파운데이션을 넣는다면…
　5.5센티미터 색종이 2장
퍼프 ● 15센티미터 색종이 1장

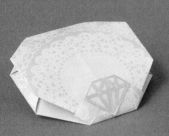

콤팩트

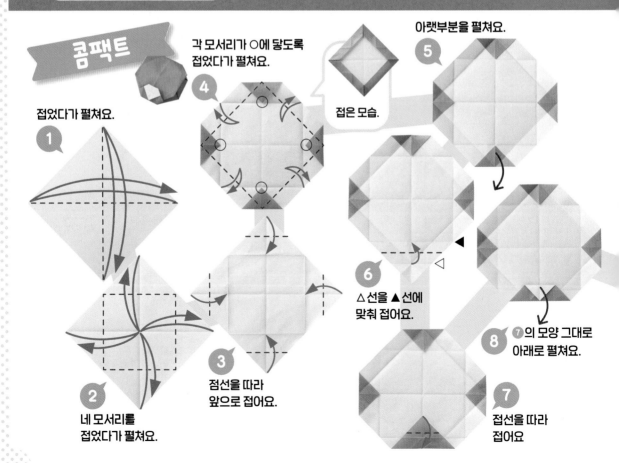

1 접었다가 펼쳐요.

2 네 모서리를 접었다가 펼쳐요.

3 점선을 따라 앞으로 접어요.

4 각 모서리가 ○에 닿도록 접었다가 펼쳐요.

접은 모습.

5 아랫부분을 펼쳐요.

6 △선을 ▲선에 맞춰 접어요.

7 접선을 따라 접어요

8 ⑦의 모양 그대로 아래로 펼쳐요.

58

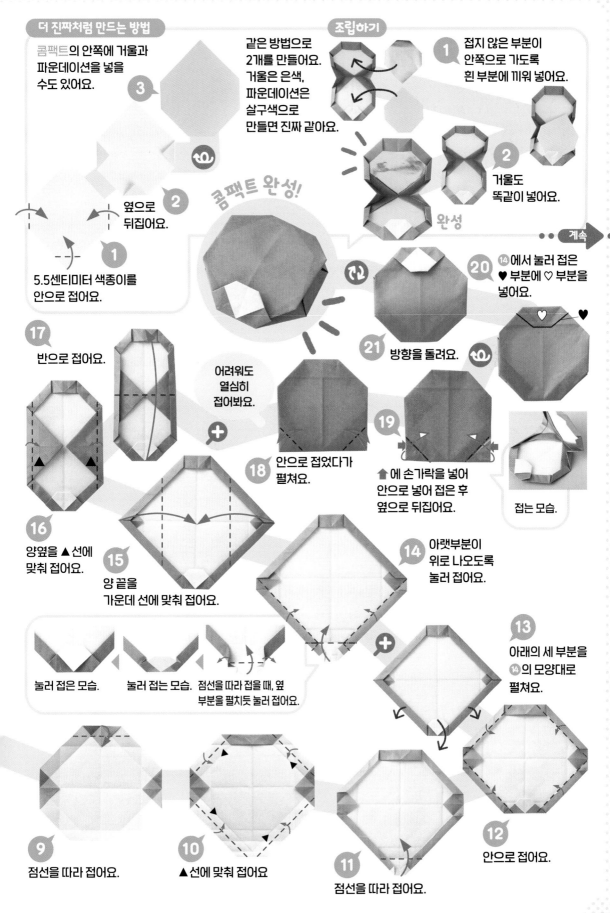

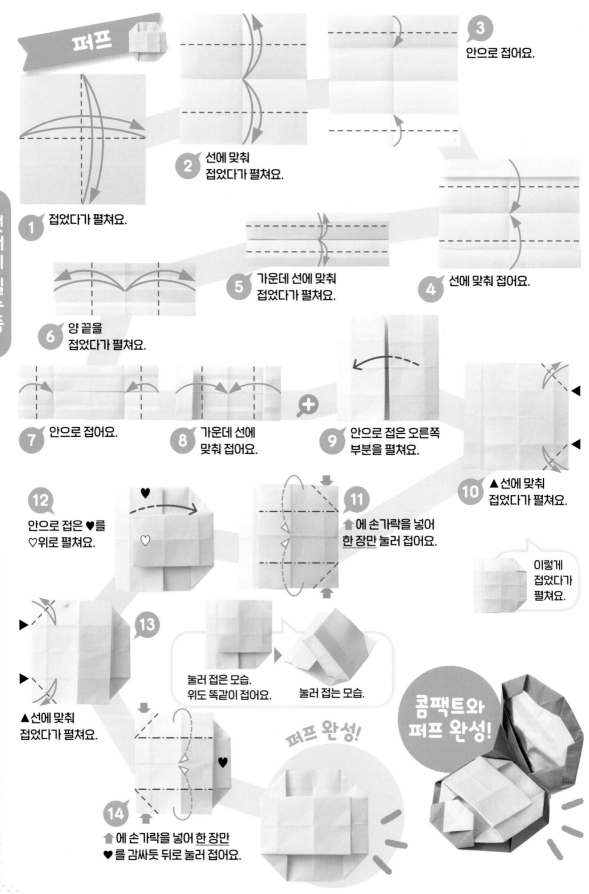

퍼프

1 접었다가 펼쳐요.

2 선에 맞춰
접었다가 펼쳐요.

3 안으로 접어요.

4 선에 맞춰 접어요.

5 가운데 선에 맞춰
접었다가 펼쳐요.

6 양 끝을
접었다가 펼쳐요.

7 안으로 접어요.

8 가운데 선에
맞춰 접어요.

9 안으로 접은 오른쪽
부분을 펼쳐요.

10 ▲ 선에 맞춰
접었다가 펼쳐요.

이렇게
접었다가
펼쳐요.

11 ⬆ 에 손가락을 넣어
한 장만 눌러 접어요.

12 안으로 접은 ♥를
♡위로 펼쳐요.

13 눌러 접은 모습.
위도 똑같이 접어요.

눌러 접는 모습.

▲ 선에 맞춰
접었다가 펼쳐요.

14 ⬆ 에 손가락을 넣어 한 장만
♥를 감싸듯 뒤로 눌러 접어요.

퍼프 완성!

콤팩트와
퍼프 완성!

60

립스틱

몇 번이나 반복해서 접다 보면
두꺼워져서 접기 어려워요.
하지만 무척 귀여운 립스틱을
만들 수 있으니 꼭 접어 봐요.

준비물
아랫부분 ● 15센티미터 색종이 1장
뚜껑부분 ● 15센티미터 색종이를 반으로 자른 것
(15×7.5센티미터) 1장

아랫부분

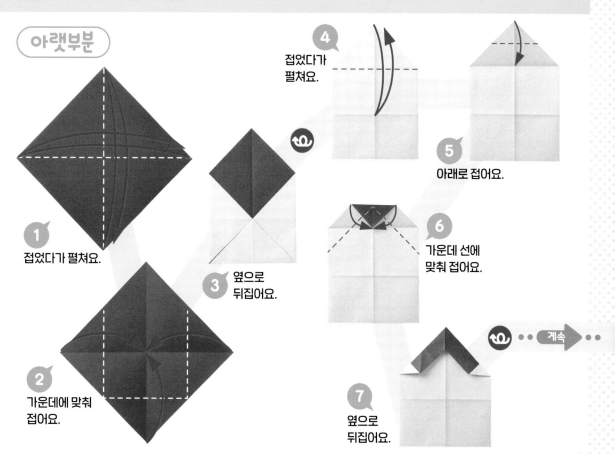

1 접었다가 펼쳐요.

2 가운데에 맞춰 접어요.

3 옆으로 뒤집어요.

4 접었다가 펼쳐요.

5 아래로 접어요.

6 가운데 선에 맞춰 접어요.

7 옆으로 뒤집어요.

● ● ● 계속 ● ● ●

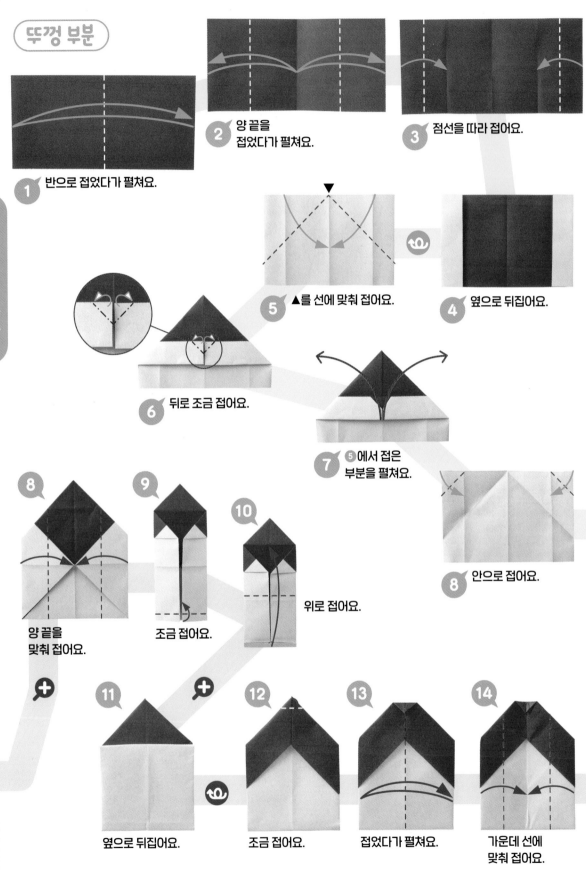

뚜껑 부분

1 반으로 접었다가 펼쳐요.

2 양 끝을 접었다가 펼쳐요.

3 점선을 따라 접어요.

4 옆으로 뒤집어요.

5 ▲를 선에 맞춰 접어요.

6 뒤로 조금 접어요.

7 5에서 접은 부분을 펼쳐요.

8 안으로 접어요.

8 양 끝을 맞춰 접어요.

9 조금 접어요.

10 위로 접어요.

11 옆으로 뒤집어요.

12 조금 접어요.

13 접었다가 펼쳐요.

14 가운데 선에 맞춰 접어요.

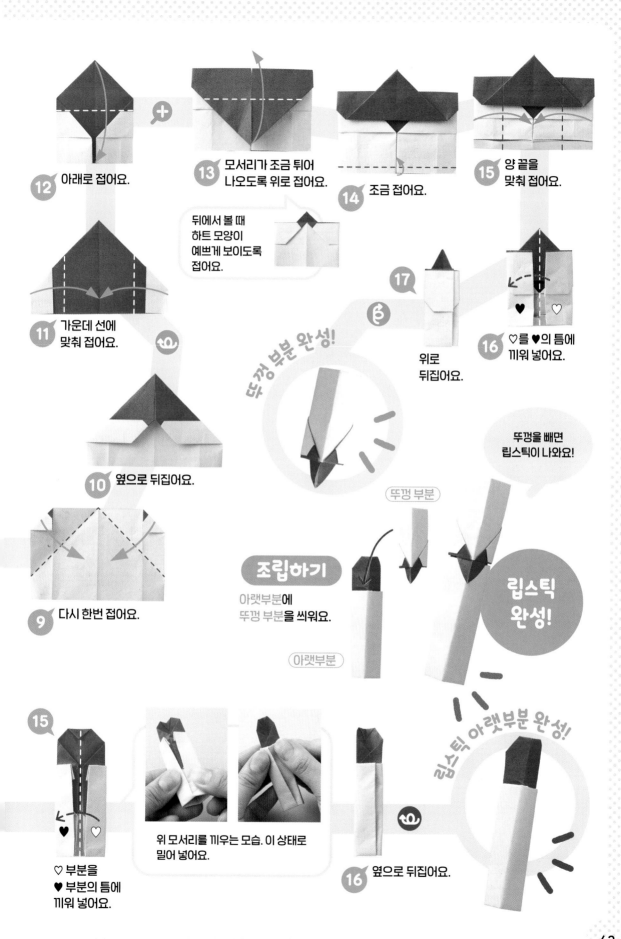

12 아래로 접어요.

13 모서리가 조금 튀어 나오도록 위로 접어요.

14 조금 접어요.

15 양 끝을 맞춰 접어요.

뒤에서 볼 때 하트 모양이 예쁘게 보이도록 접어요.

11 가운데 선에 맞춰 접어요.

17 위로 뒤집어요.

16 ♡를 ♥의 틈에 끼워 넣어요.

뚜껑 부분 완성!

10 옆으로 뒤집어요.

뚜껑을 빼면 립스틱이 나와요!

뚜껑 부분

조립하기

아랫부분에 뚜껑 부분을 씌워요.

립스틱 완성!

아랫부분

9 다시 한번 접어요.

립스틱 아랫부분 완성!

15 ♡ 부분을 ♥ 부분의 틈에 끼워 넣어요.

위 모서리를 끼우는 모습. 이 상태로 밀어 넣어요.

16 옆으로 뒤집어요.

63

★★★★ 보통   소품

손거울

거울과 손잡이를 조립해서 만들어요.
가운데에 은색 색종이를 넣으면
더 진짜 같아요.

준비물
● 15센티미터 색종이 2장
※은색 색종이를 사용하려면…
7.5센티미터 색종이 1장

멋내기 필수품

거울

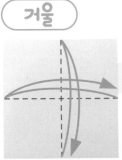
1 접었다가 펼쳐요.

2 접었다가 펼쳐요.

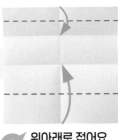
3 위아래로 접어요.

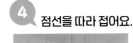
4 점선을 따라 접어요.

5 ▲선에 맞춰 접어요.

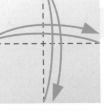
끼우는
모습

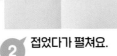
7 ♥를 ♡ 틈에 끼워요.

6 ▲선에 맞춰 접어요.

거울 완성!

은색 색종이를 넣으려면…

❻을 접은 후 펼쳐서 은색 색종이를
넣고 다시 접어요.

8 안으로 접어요.

9 ♡를 ♥ 뒤로 접어 넣어요.

64

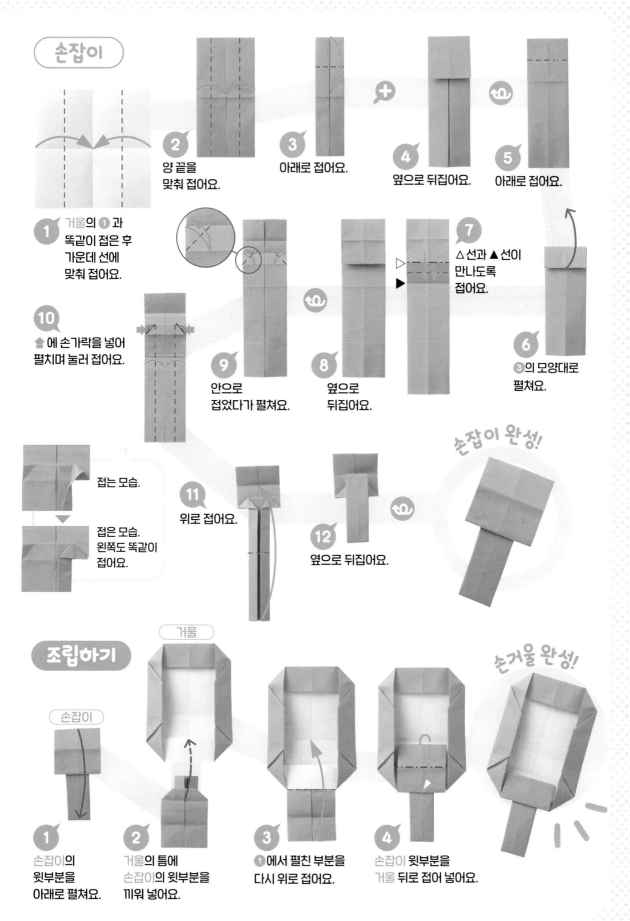

1 거울의 ❶과 똑같이 접은 후 가운데 선에 맞춰 접어요.

2 양 끝을 맞춰 접어요.

3 아래로 접어요.

4 옆으로 뒤집어요.

5 아래로 접어요.

6 ❸의 모양대로 펼쳐요.

7 △선과 ▲선이 만나도록 접어요.

8 옆으로 뒤집어요.

9 안으로 접었다가 펼쳐요.

10 ⬆에 손가락을 넣어 펼치며 눌러 접어요.

접는 모습.

접은 모습. 왼쪽도 똑같이 접어요.

11 위로 접어요.

12 옆으로 뒤집어요.

손잡이 완성!

조립하기

거울

손거울 완성!

손잡이

1 손잡이의 윗부분을 아래로 펼쳐요.

2 거울의 틈에 손잡이의 윗부분을 끼워 넣어요.

3 ❶에서 펼친 부분을 다시 위로 접어요.

4 손잡이 윗부분을 거울 뒤로 접어 넣어요.

강아지 파우치

바닥이 넓어 물건을 넣기 쉬운
파우치예요. 큰 종이로 만들면
앞에서 만든 화장품을 넣을
수도 있어요.

멋내기 필수품

준비물
● 색종이 1장

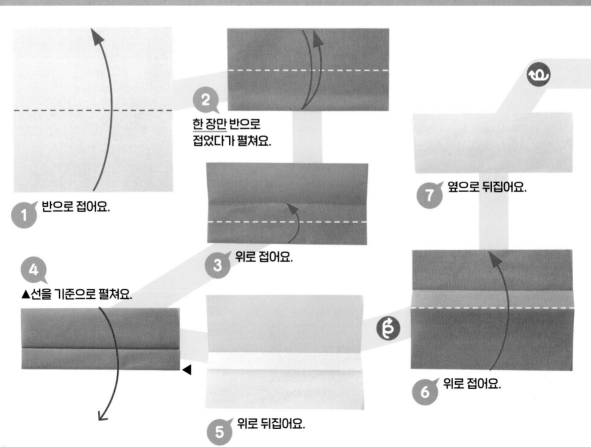

1 반으로 접어요.

2 한 장만 반으로
접었다가 펼쳐요.

3 위로 접어요.

4 ▲선을 기준으로 펼쳐요.

5 위로 뒤집어요.

6 위로 접어요.

7 옆으로 뒤집어요.

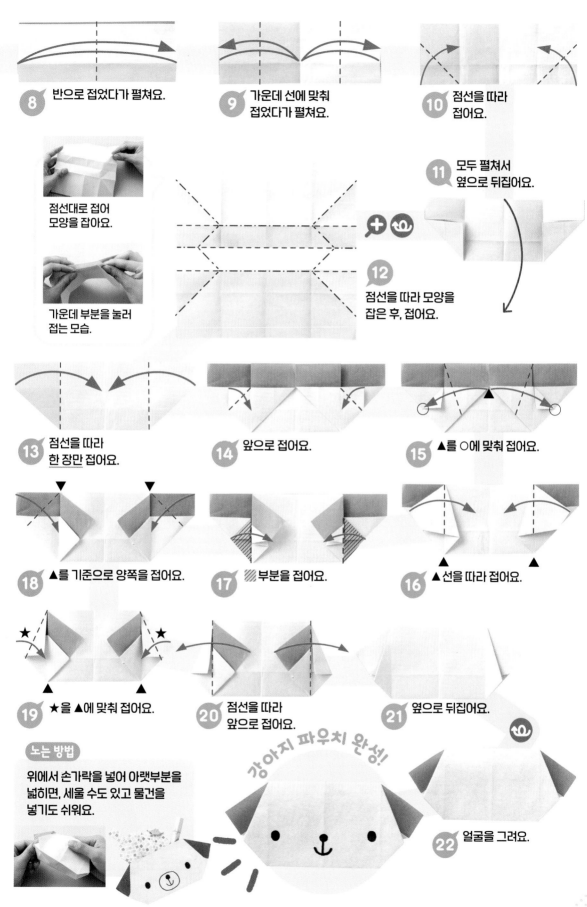

8 반으로 접었다가 펼쳐요.

9 가운데 선에 맞춰 접었다가 펼쳐요.

10 점선을 따라 접어요.

점선대로 접어 모양을 잡아요.

가운데 부분을 눌러 접는 모습.

11 모두 펼쳐서 옆으로 뒤집어요.

12 점선을 따라 모양을 잡은 후, 접어요.

13 점선을 따라 한 장만 접어요.

14 앞으로 접어요.

15 ▲를 ○에 맞춰 접어요.

18 ▲를 기준으로 양쪽을 접어요.

17 ▨부분을 접어요.

16 ▲ 선을 따라 접어요.

19 ★을 ▲에 맞춰 접어요.

20 점선을 따라 앞으로 접어요.

21 옆으로 뒤집어요.

노는 방법

위에서 손가락을 넣어 아랫부분을 넓히면, 세울 수도 있고 물건을 넣기도 쉬워요.

강아지 파우치 완성!

22 얼굴을 그려요.

67

스마트폰

스마트폰은 전화를 걸기도 하고, 인터넷으로
게임을 하거나 검색을 하는 등 다양하게
활용할 수 있어서 무척 편리한 도구예요.
스마트폰을 종이접기로 만들어 봐요.

멋내기 필수품

준비물
● 색종이 1장

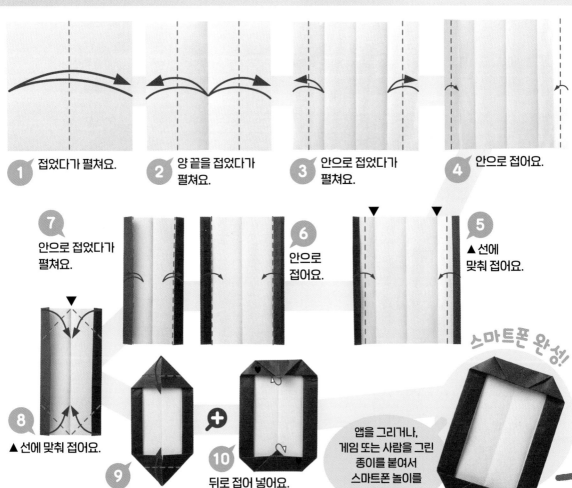

1 접었다가 펼쳐요.

2 양 끝을 접었다가
펼쳐요.

3 안으로 접었다가
펼쳐요.

4 안으로 접어요.

7 안으로 접었다가
펼쳐요.

6 안으로
접어요.

5 ▲ 선에
맞춰 접어요.

8 ▲ 선에 맞춰 접어요.

9 점선을 따라 접어요.

10 뒤로 접어 넣어요.

스마트폰 완성!

앱을 그리거나,
게임 또는 사람을 그린
종이를 붙여서
스마트폰 놀이를
즐겨요!

동물 친구들

가장 좋아하는 귀여운 동물
친구들을 종이접기로 만들 수
있어요. 강아지나 고양이처럼
자주 볼 수 있는 동물부터 펭귄이나
바다표범까지, 다양한 동물을 접어
봐요. 동물들이 심심하지 않게
친구들을 많이 만들어 주세요.

동물 얼굴

무척 간단하고 귀여운 종이접기예요. 여러 가지 색으로 많이 만들어 봐요.

준비물
● 색종이 1장씩

동물 친구들

고양이

1 반으로 접어요.

2 아래 모서리에 맞춰 접어요.

3 접었다가 펼쳐요.

접은 모습.

4 아래로 접어요.

5 위로 접어요.

6 위로 접어요.

고양이 귀가 돼요.

7 옆으로 뒤집어요.

8 얼굴과 무늬를 그려요.

고양이 완성!

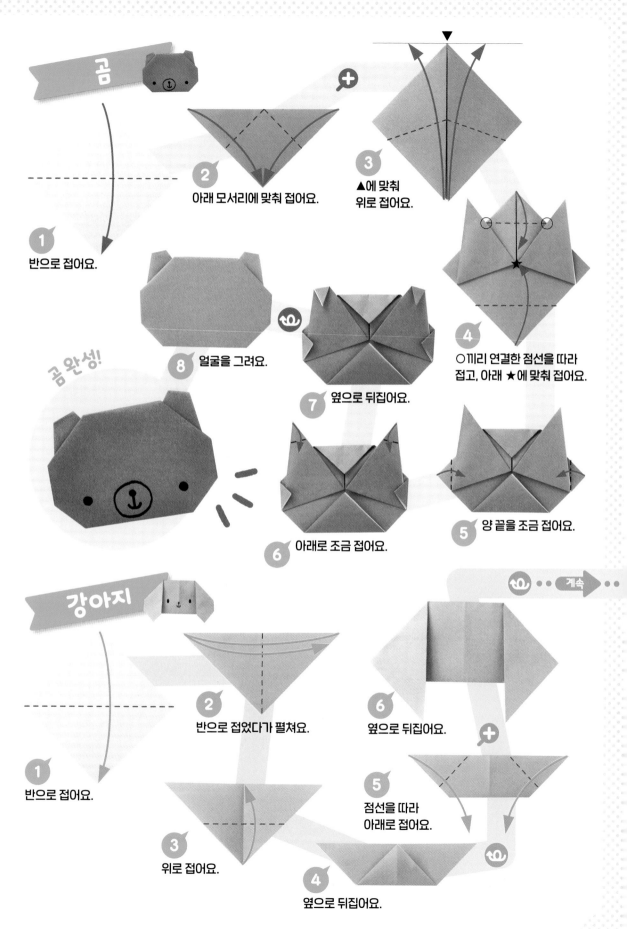

곰

1 반으로 접어요.

2 아래 모서리에 맞춰 접어요.

3 ▲에 맞춰 위로 접어요.

4 ○끼리 연결한 점선을 따라 접고, 아래 ★에 맞춰 접어요.

5 양 끝을 조금 접어요.

6 아래로 조금 접어요.

7 옆으로 뒤집어요.

8 얼굴을 그려요.

곰 완성!

강아지

1 반으로 접어요.

2 반으로 접었다가 펼쳐요.

3 위로 접어요.

4 옆으로 뒤집어요.

5 점선을 따라 아래로 접어요.

6 옆으로 뒤집어요.

계속

토끼

1 반으로 접어요.

2 접었다가 펼쳐요.

3 아래로 접어요.

4 위로 접어요.

5 가운데 선에 맞춰 접어요.

6 ○에 맞춰 접어요.

7 위로 접어요.

8 옆으로 뒤집어요.

9 얼굴을 그려요.

토끼 완성!

7 ★에 맞춰 접어요.

8 안으로 접어요.

9 옆으로 뒤집어요.

10 얼굴과 무늬를 그려요.

강아지 완성!

72

테디베어

몸과 팔이 있는 테디베어를
종이 한 장으로 접을 수 있어요.
사진을 보면서 도전해 봐요.

준비물
● 색종이 1장씩
● 동그란 모양의 스티커

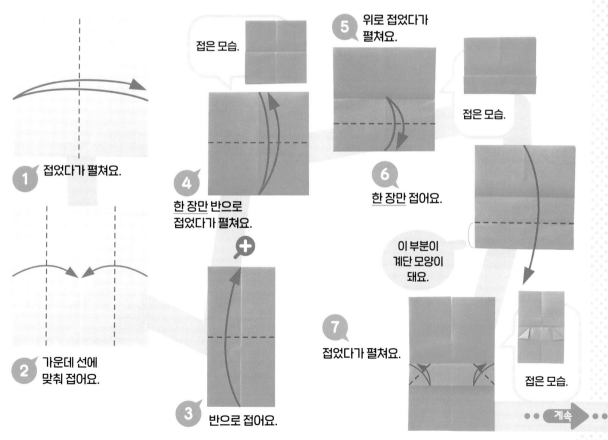

1 접었다가 펼쳐요.

2 가운데 선에 맞춰 접어요.

3 반으로 접어요.

4 한 장만 반으로 접었다가 펼쳐요.

접은 모습.

5 위로 접었다가 펼쳐요.

접은 모습.

6 한 장만 접어요.

이 부분이 계단 모양이 돼요.

7 접었다가 펼쳐요.

접은 모습.

계속

73

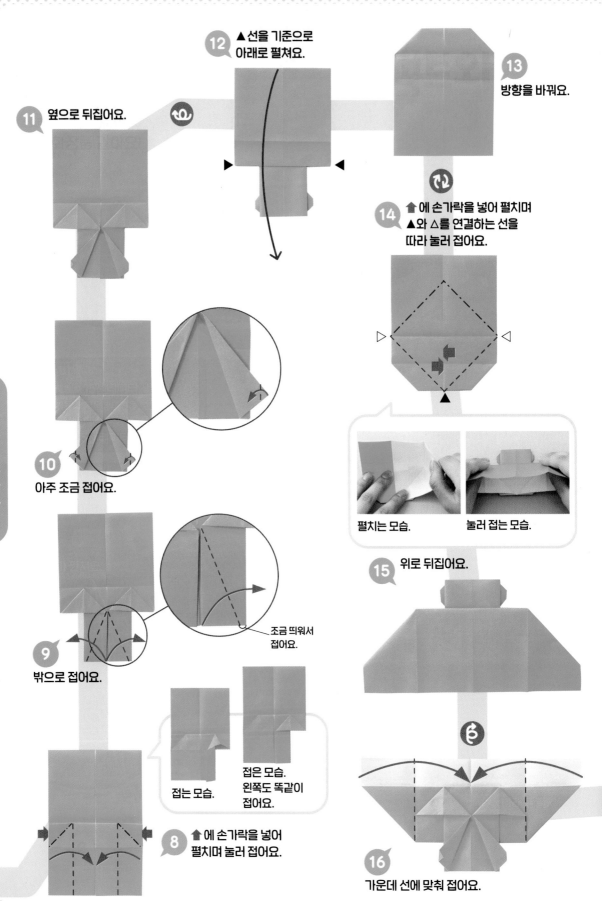

12 ▲ 선을 기준으로 아래로 펼쳐요.

13 방향을 바꿔요.

11 옆으로 뒤집어요.

14 ☝에 손가락을 넣어 펼치며 ▲와 △를 연결하는 선을 따라 눌러 접어요.

10 아주 조금 접어요.

펼치는 모습.   눌러 접는 모습.

15 위로 뒤집어요.

조금 띄워서 접어요.

9 밖으로 접어요.

접은 모습. 왼쪽도 똑같이 접어요.

접는 모습.

8 ☝에 손가락을 넣어 펼치며 눌러 접어요.

16 가운데 선에 맞춰 접어요.

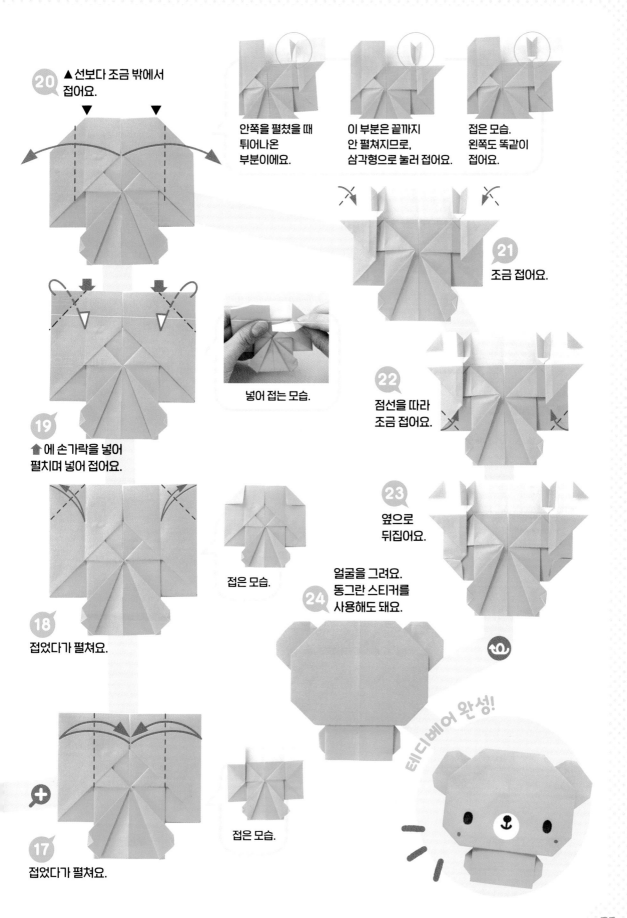

20 ▲ 선보다 조금 밖에서 접어요.

안쪽을 펼쳤을 때 튀어나온 부분이에요.

이 부분은 끝까지 안 펼쳐지므로, 삼각형으로 눌러 접어요.

접은 모습. 왼쪽도 똑같이 접어요.

21 조금 접어요.

19 👆 에 손가락을 넣어 펼치며 넣어 접어요.

넣어 접는 모습.

22 점선을 따라 조금 접어요.

18 접었다가 펼쳐요.

접은 모습.

23 옆으로 뒤집어요.

24 얼굴을 그려요. 동그란 스티커를 사용해도 돼요.

테디베어 완성!

접은 모습.

17 접었다가 펼쳐요.

한 장으로 접는
동물 친구

늘어진
고양이

다리를 벌리고 편안하게 늘어져 있는 모습이
귀여운 고양이예요. 크기를 다르게 접어
겹쳐 쌓을 수도 있어요.

준비물
● 색종이 1장

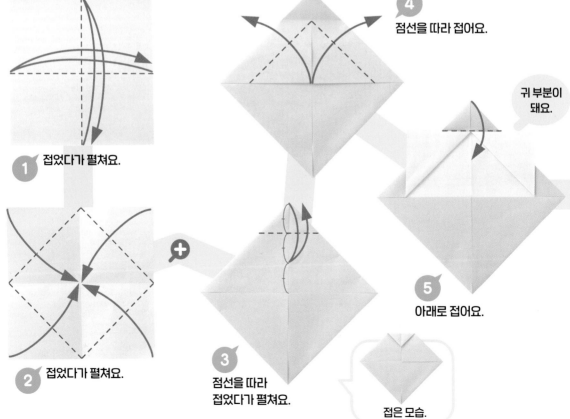

1 접었다가 펼쳐요.

2 접었다가 펼쳐요.

3 점선을 따라
접었다가 펼쳐요.

4 점선을 따라 접어요.

귀 부분이
돼요.

5 아래로 접어요.

접은 모습.

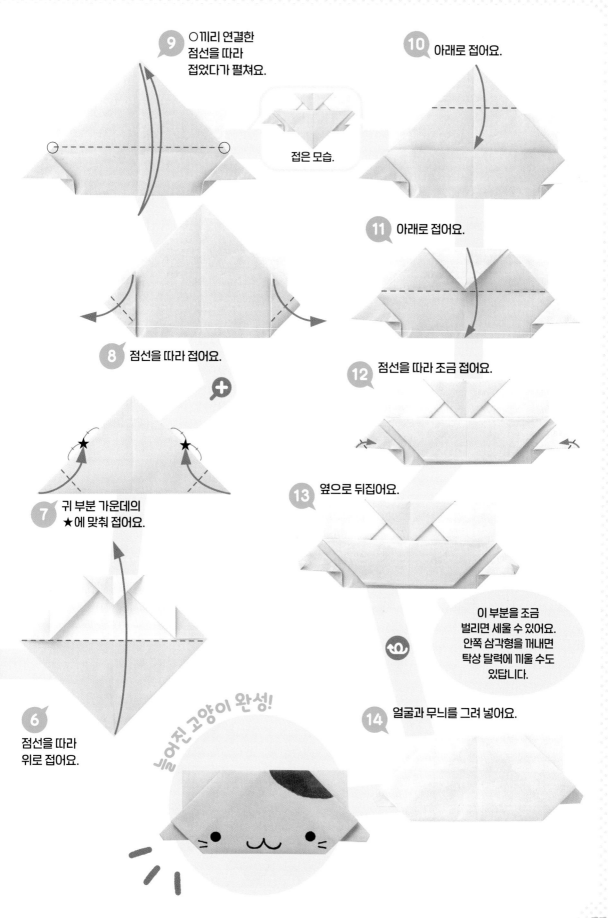

9 ○끼리 연결한 점선을 따라 접었다가 펼쳐요.

접은 모습.

10 아래로 접어요.

11 아래로 접어요.

8 점선을 따라 접어요.

12 점선을 따라 조금 접어요.

7 귀 부분 가운데의 ★에 맞춰 접어요.

13 옆으로 뒤집어요.

이 부분을 조금 벌리면 세울 수 있어요. 안쪽 삼각형을 꺼내면 탁상 달력에 끼울 수도 있답니다.

6 점선을 따라 위로 접어요.

앉아진 고양이 완성!

14 얼굴과 무늬를 그려 넣어요.

보통

한 장으로 접는
동물 친구

껍데기 속 병아리

가장자리를 계단 접기로 접으면 뾰족뾰족한
모양이 돼요. 꼭 달걀 껍데기를 깬 병아리 같아요.

준비물
● 색종이 1장

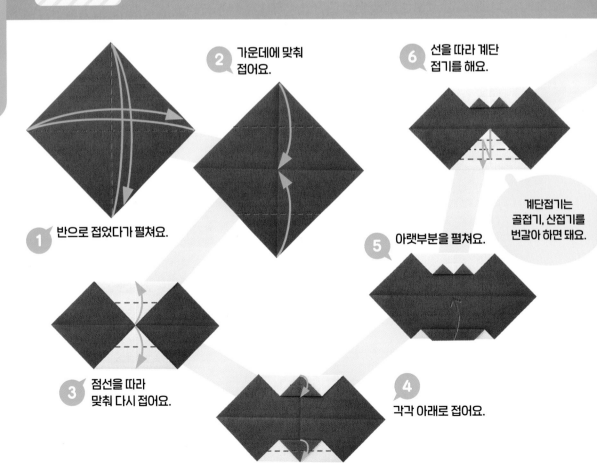

1 반으로 접었다가 펼쳐요.

2 가운데에 맞춰 접어요.

3 점선을 따라 맞춰 다시 접어요.

4 각각 아래로 접어요.

5 아랫부분을 펼쳐요.

6 선을 따라 계단 접기를 해요.

계단접기는
골접기, 산접기를
번갈아 하면 돼요.

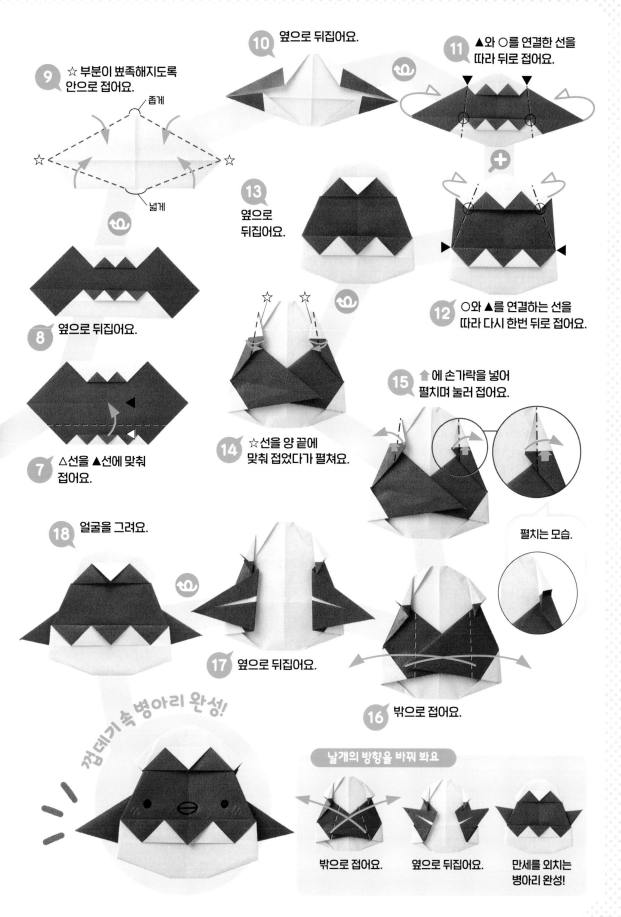

9 ☆ 부분이 뾰족해지도록 안으로 접어요.

좁게

넓게

10 옆으로 뒤집어요.

11 ▲와 ○를 연결한 선을 따라 뒤로 접어요.

+

13 옆으로 뒤집어요.

12 ○와 ▲를 연결하는 선을 따라 다시 한번 뒤로 접어요.

8 옆으로 뒤집어요.

7 △선을 ▲선에 맞춰 접어요.

14 ☆선을 양 끝에 맞춰 접었다가 펼쳐요.

15 ↑에 손가락을 넣어 펼치며 눌러 접어요.

펼치는 모습.

18 얼굴을 그려요.

17 옆으로 뒤집어요.

16 밖으로 접어요.

깜데기 속 병아리 완성!

날개의 방향을 바꿔 봐요

밖으로 접어요.   옆으로 뒤집어요.   만세를 외치는 병아리 완성!

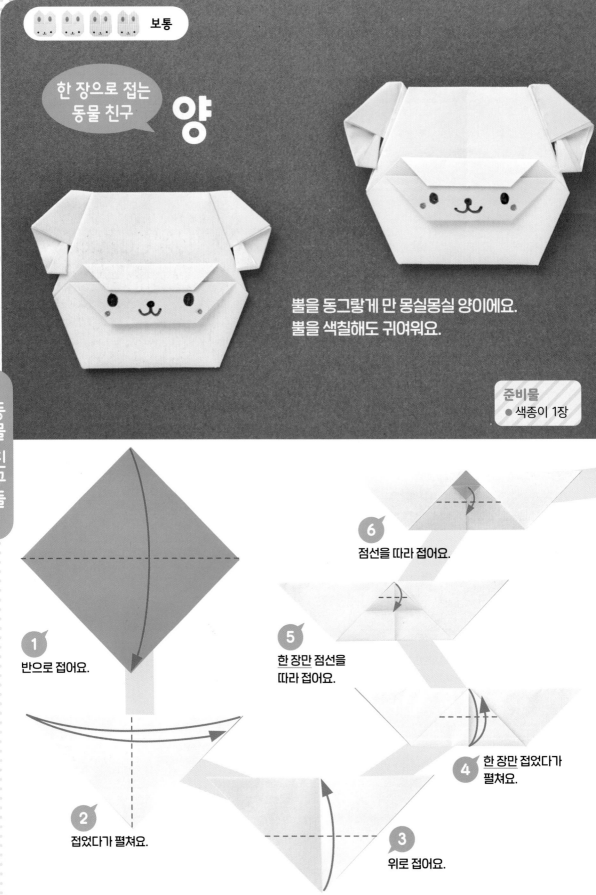

보통

한 장으로 접는
동물 친구

양

뿔을 동그랗게 만 몽실몽실 양이에요.
뿔을 색칠해도 귀여워요.

준비물
● 색종이 1장

동물 친구들

6
점선을 따라 접어요.

5
한 장만 점선을
따라 접어요.

4
한 장만 접었다가
펼쳐요.

1
반으로 접어요.

2
접었다가 펼쳐요.

3
위로 접어요.

80

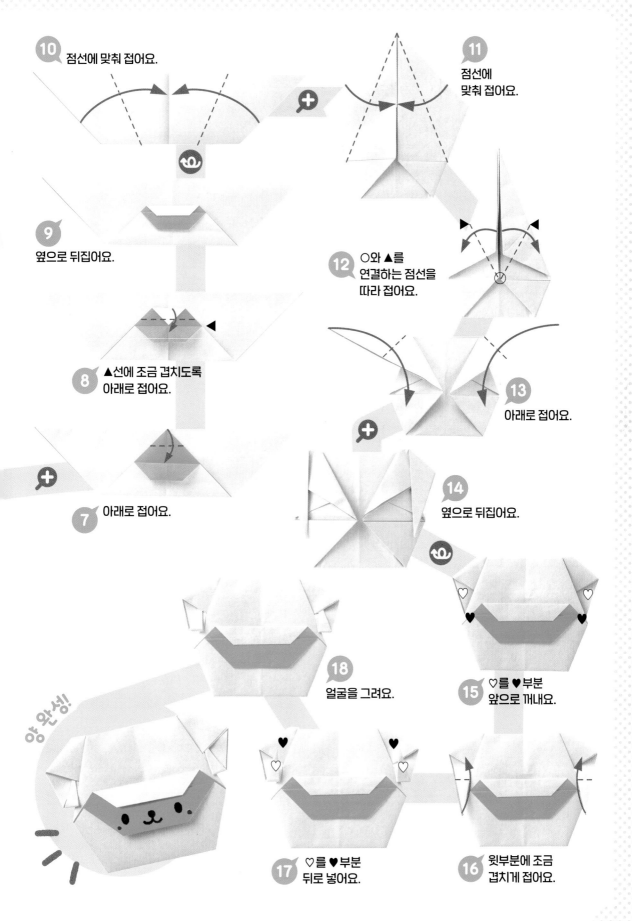

10 점선에 맞춰 접어요.

11 점선에 맞춰 접어요.

9 옆으로 뒤집어요.

12 ○와 ▲를 연결하는 점선을 따라 접어요.

8 ▲선에 조금 겹치도록 아래로 접어요.

13 아래로 접어요.

7 아래로 접어요.

14 옆으로 뒤집어요.

18 얼굴을 그려요.

15 ♡를 ♥부분 앞으로 꺼내요.

완성!

17 ♡를 ♥부분 뒤로 넣어요.

16 윗부분에 조금 겹치게 접어요.

한 장으로 접는
동물 친구

고양이

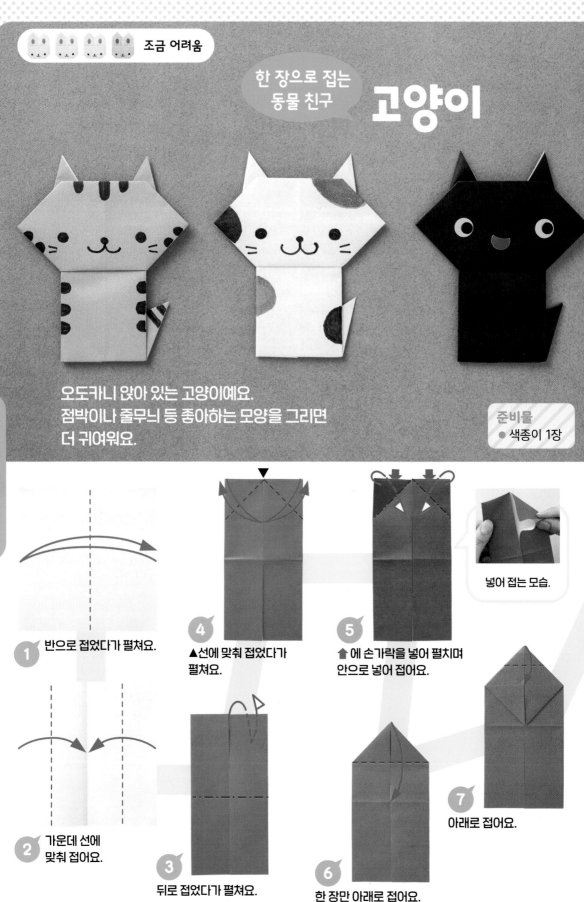

오도카니 앉아 있는 고양이예요.
점박이나 줄무늬 등 좋아하는 모양을 그리면
더 귀여워요.

준비물
● 색종이 1장

동물 친구들

1 반으로 접었다가 펼쳐요.

2 가운데 선에
맞춰 접어요.

3 뒤로 접었다가 펼쳐요.

4 ▲선에 맞춰 접었다가
펼쳐요.

5 ⬆에 손가락을 넣어 펼치며
안으로 넣어 접어요.

넣어 접는 모습.

6 <u>한 장만</u> 아래로 접어요.

7 아래로 접어요.

82

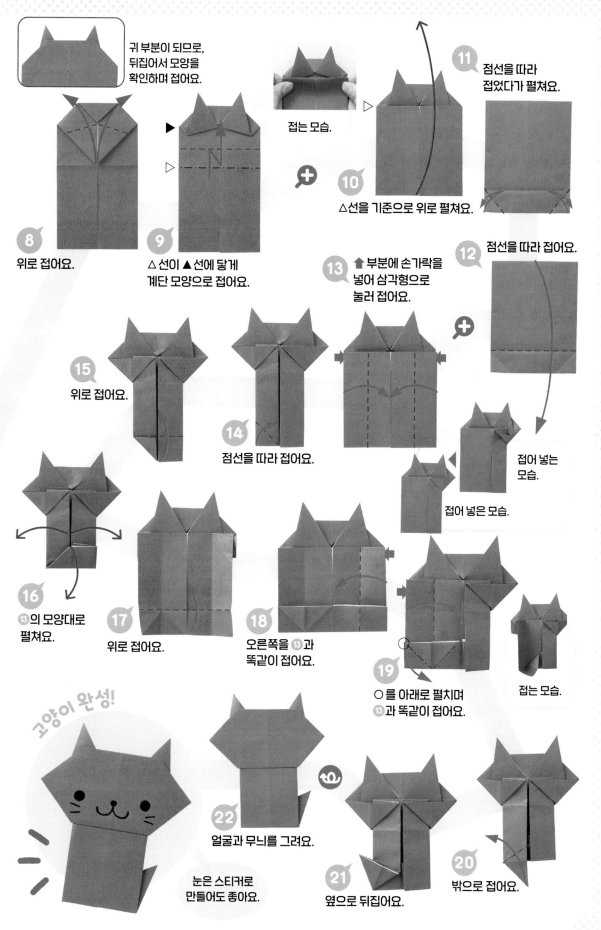

귀 부분이 되므로,
뒤집어서 모양을
확인하며 접어요.

접는 모습.

11 점선을 따라
접었다가 펼쳐요.

10 △선을 기준으로 위로 펼쳐요.

8 위로 접어요.

9 △ 선이 ▲ 선에 닿게
계단 모양으로 접어요.

13 ⬆ 부분에 손가락을
넣어 삼각형으로
눌러 접어요.

12 점선을 따라 접어요.

15 위로 접어요.

14 점선을 따라 접어요.

접어 넣는
모습.

접어 넣은 모습.

16 ⑬의 모양대로
펼쳐요.

17 위로 접어요.

18 오른쪽을 ⑬과
똑같이 접어요.

19 ○ 를 아래로 펼치며
⑬과 똑같이 접어요.

접는 모습.

고양이 완성!

22 얼굴과 무늬를 그려요.

눈은 스티커로
만들어도 좋아요.

21 옆으로 뒤집어요.

20 밖으로 접어요.

동물 친구들

한 장으로 접는 동물 친구 쥐

커다란 귀가 귀여운 쥐 친구들이에요.
접는 과정은 좀 복잡하지만,
점점 모양이 잡히는 것을 보면 무척 뿌듯하답니다.

준비물
● 색종이 1장

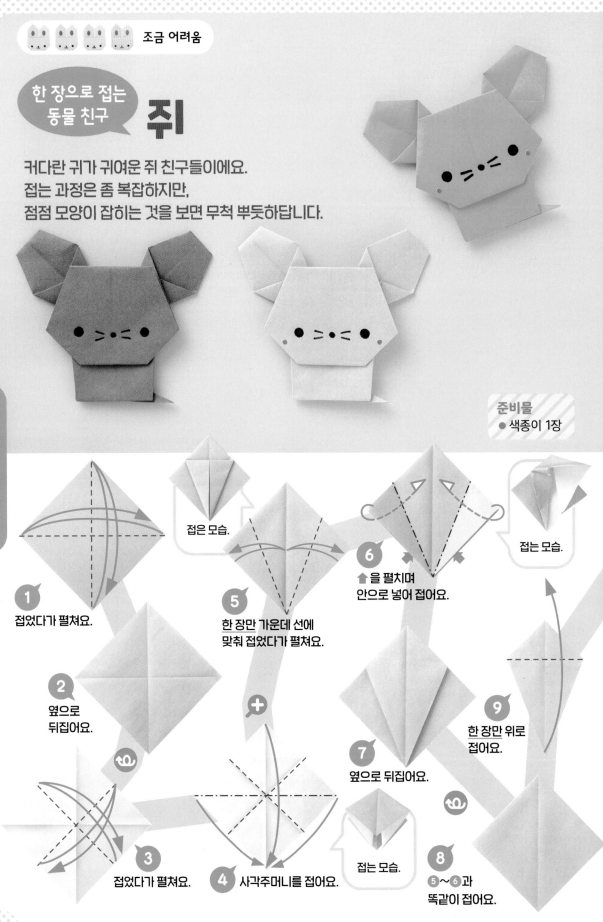

1 접었다가 펼쳐요.

2 옆으로 뒤집어요.

3 접었다가 펼쳐요.

4 사각주머니를 접어요.

5 한 장만 가운데 선에 맞춰 접었다가 펼쳐요.

접은 모습.

접는 모습.

6 ⬆을 펼치며 안으로 넣어 접어요.

접는 모습.

7 옆으로 뒤집어요.

접는 모습.

8 ⑤~⑥과 똑같이 접어요.

9 한 장만 위로 접어요.

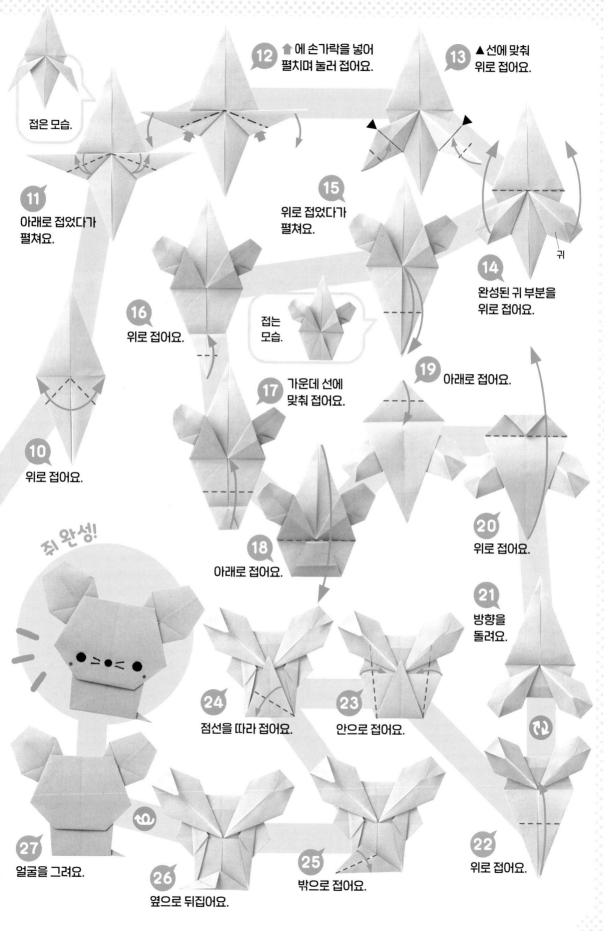

접은 모습.

11 아래로 접었다가 펼쳐요.

12 ⬆에 손가락을 넣어 펼치며 눌러 접어요.

13 ▲선에 맞춰 위로 접어요.

귀

14 완성된 귀 부분을 위로 접어요.

15 위로 접었다가 펼쳐요.

16 위로 접어요.

접는 모습.

17 가운데 선에 맞춰 접어요.

19 아래로 접어요.

10 위로 접어요.

18 아래로 접어요.

20 위로 접어요.

21 방향을 돌려요.

쥐 완성!

24 점선을 따라 접어요.

23 안으로 접어요.

22 위로 접어요.

27 얼굴을 그려요.

26 옆으로 뒤집어요.

25 밖으로 접어요.

한 장으로 접는
동물 친구

개구리

커다란 눈이 툭 튀어나온 개구리예요.
조금 어려운 부분이 있지만, 사진을
잘 보면서 접어 봐요.

동물 친구들

준비물
● 색종이 1장
● 동그란 스티커

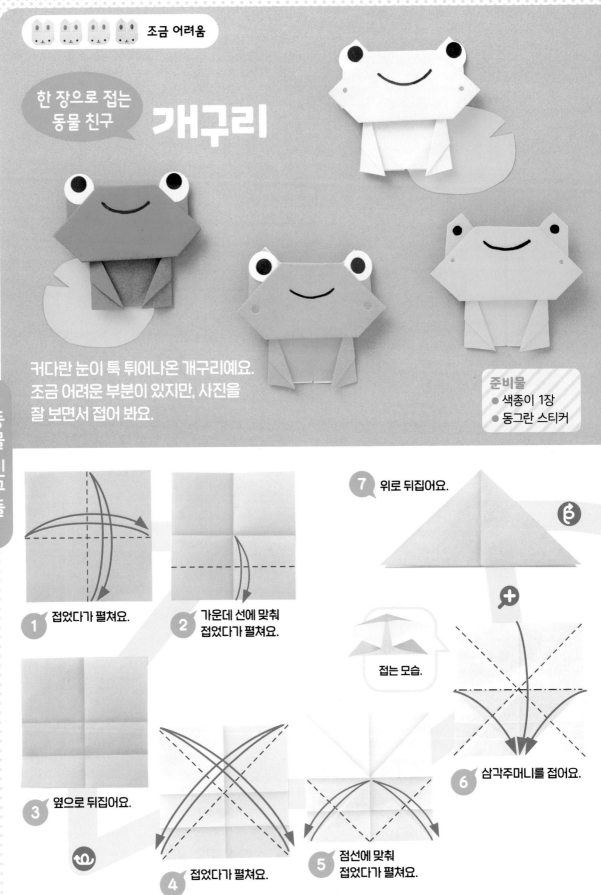

1 접었다가 펼쳐요.

2 가운데 선에 맞춰
접었다가 펼쳐요.

3 옆으로 뒤집어요.

4 접었다가 펼쳐요.

5 점선에 맞춰
접었다가 펼쳐요.

6 삼각주머니를 접어요.

접는 모습.

7 위로 뒤집어요.

86

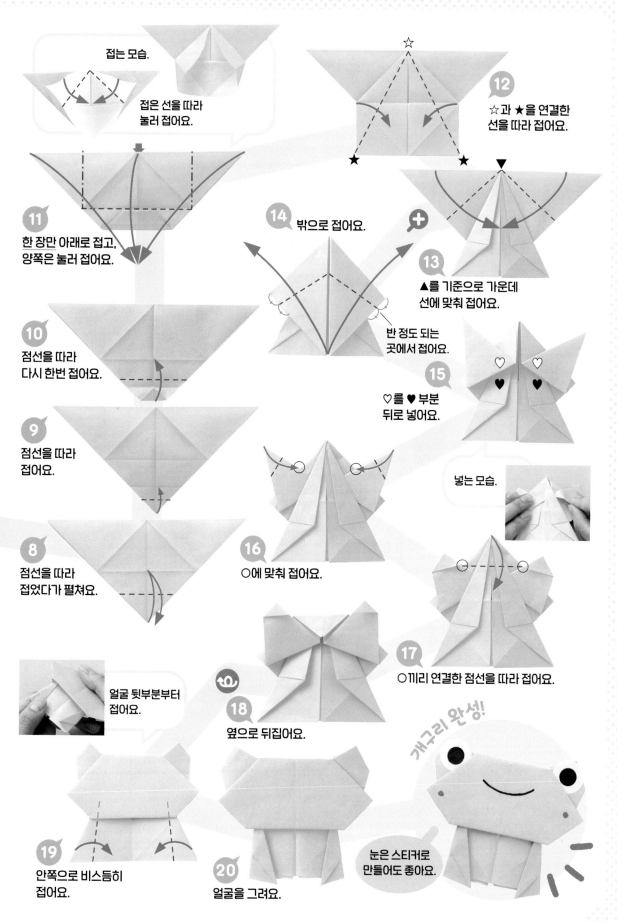

접는 모습.

접은 선을 따라
눌러 접어요.

12 ☆과 ★을 연결한
선을 따라 접어요.

11 한 장만 아래로 접고,
양쪽은 눌러 접어요.

14 밖으로 접어요.

13 ▲를 기준으로 가운데
선에 맞춰 접어요.

반 정도 되는
곳에서 접어요.

10 점선을 따라
다시 한번 접어요.

9 점선을 따라
접어요.

15 ♡를 ♥ 부분
뒤로 넣어요.

넣는 모습.

8 점선을 따라
접었다가 펼쳐요.

16 ○에 맞춰 접어요.

얼굴 뒷부분부터
접어요.

18 옆으로 뒤집어요.

17 ○끼리 연결한 점선을 따라 접어요.

개구리 완성!

19 안쪽으로 비스듬히
접어요.

20 얼굴을 그려요.

눈은 스티커로
만들어도 좋아요.

87

한 장으로 접는 동물 친구 **부엉이**

숲속에서 밤마다 '부엉, 부엉'하고 우는 부엉이예요.
동그랗게 뜬 눈을 그리면 귀여워요.

준비물
● 색종이 1장

동물 친구들

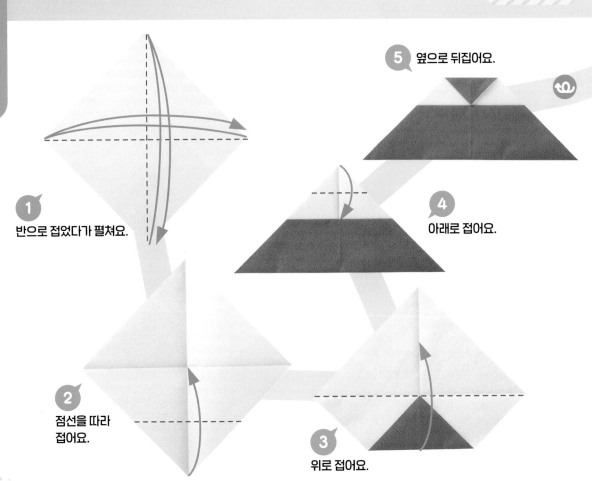

1 반으로 접었다가 펼쳐요.

2 점선을 따라 접어요.

3 위로 접어요.

4 아래로 접어요.

5 옆으로 뒤집어요.

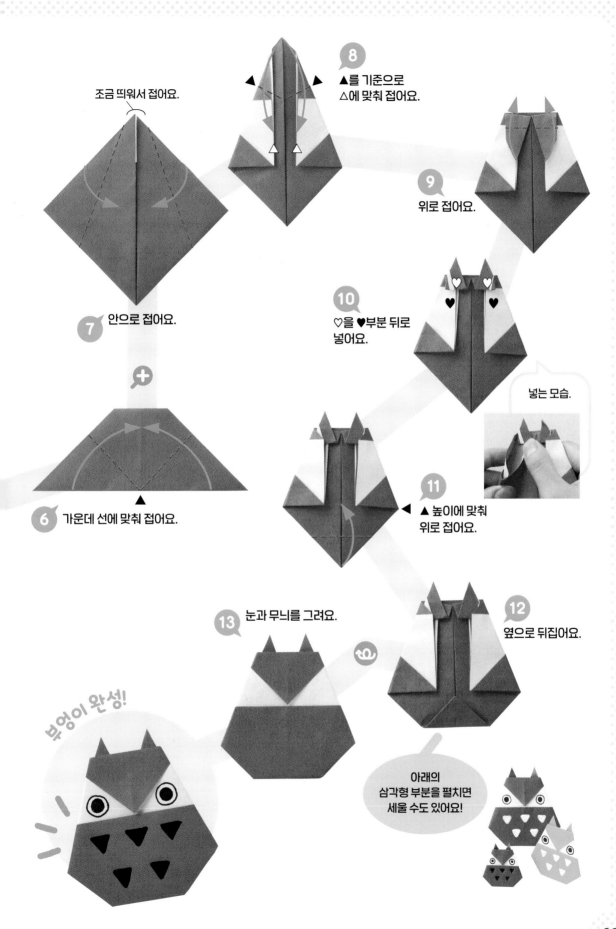

조금 띄워서 접어요.

⑧ ▲를 기준으로 △에 맞춰 접어요.

⑨ 위로 접어요.

⑦ 안으로 접어요.

⑩ ♡을 ♥부분 뒤로 넣어요.

넣는 모습.

⑥ 가운데 선에 맞춰 접어요.

⑪ ▲ 높이에 맞춰 위로 접어요.

⑬ 눈과 무늬를 그려요.

⑫ 옆으로 뒤집어요.

부엉이 완성!

아래의 삼각형 부분을 펼치면 세울 수도 있어요!

한 장으로 접는
동물 친구

펭귄

뒤뚱뒤뚱 걷는 펭귄은 무척 간단하게
접을 수 있어요. 크기를 다르게 접으면
펭귄 가족을 만들 수 있지요.

준비물
● 색종이 1장

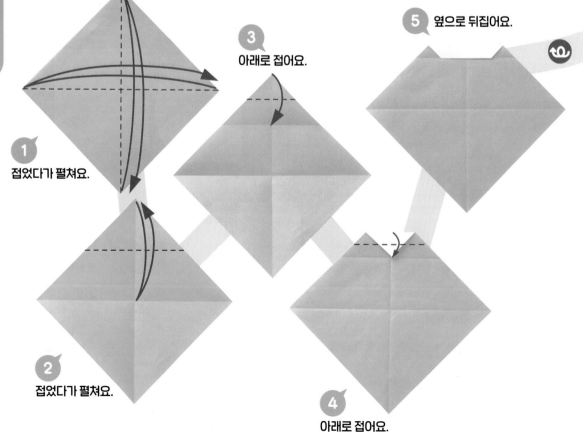

1 접었다가 펼쳐요.

2 접었다가 펼쳐요.

3 아래로 접어요.

4 아래로 접어요.

5 옆으로 뒤집어요.

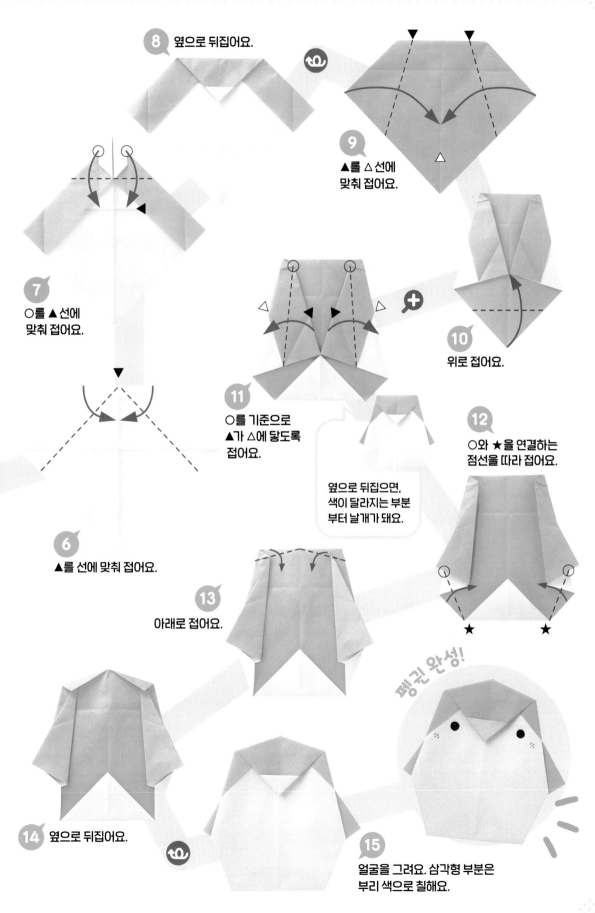

8 옆으로 뒤집어요.

9 ▲를 △ 선에 맞춰 접어요.

7 ○를 ▲ 선에 맞춰 접어요.

10 위로 접어요.

11 ○를 기준으로 ▲가 △에 닿도록 접어요.

옆으로 뒤집으면, 색이 달라지는 부분 부터 날개가 돼요.

12 ○와 ★을 연결하는 점선을 따라 접어요.

6 ▲를 선에 맞춰 접어요.

13 아래로 접어요.

펭귄 완성!

14 옆으로 뒤집어요.

15 얼굴을 그려요. 삼각형 부분은 부리 색으로 칠해요.

91

한 장으로 접는 동물 친구

바다표범

공놀이나 고리 던지기를
잘하는 바다표범이에요.
커다랗고 둥근 몸이 특징이지요.

준비물
● 색종이 1장
● 동그란 스티커

동물 친구들

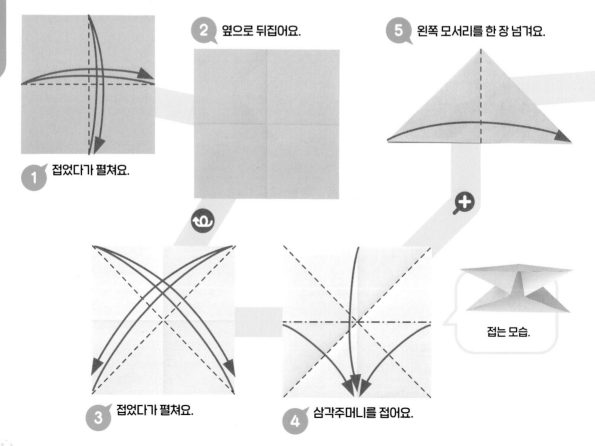

1 접었다가 펼쳐요.

2 옆으로 뒤집어요.

5 왼쪽 모서리를 한 장 넘겨요.

접는 모습.

3 접었다가 펼쳐요.

4 삼각주머니를 접어요.

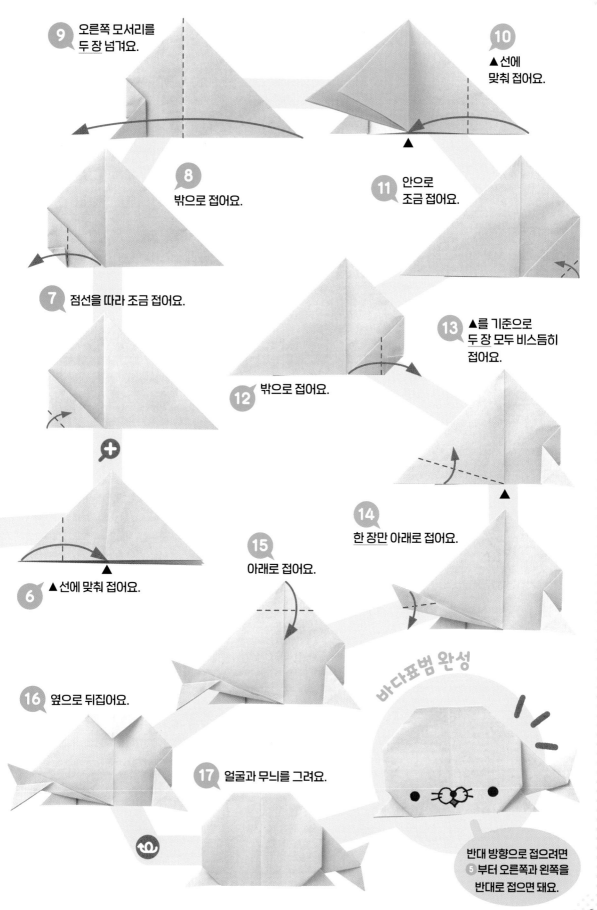

9 오른쪽 모서리를 두 장 넘겨요.

10 ▲선에 맞춰 접어요.

8 밖으로 접어요.

11 안으로 조금 접어요.

7 점선을 따라 조금 접어요.

13 ▲를 기준으로 두 장 모두 비스듬히 접어요.

12 밖으로 접어요.

6 ▲선에 맞춰 접어요.

14 한 장만 아래로 접어요.

15 아래로 접어요.

16 옆으로 뒤집어요.

바다표범 완성

17 얼굴과 무늬를 그려요.

반대 방향으로 접으려면 5 부터 오른쪽과 왼쪽을 반대로 접으면 돼요.

북극곰

북극에 사는 북극곰을 색종이 한 장으로 접을 수 있어요.
추운 곳에 사니까 목도리도 둘러 줄까요?

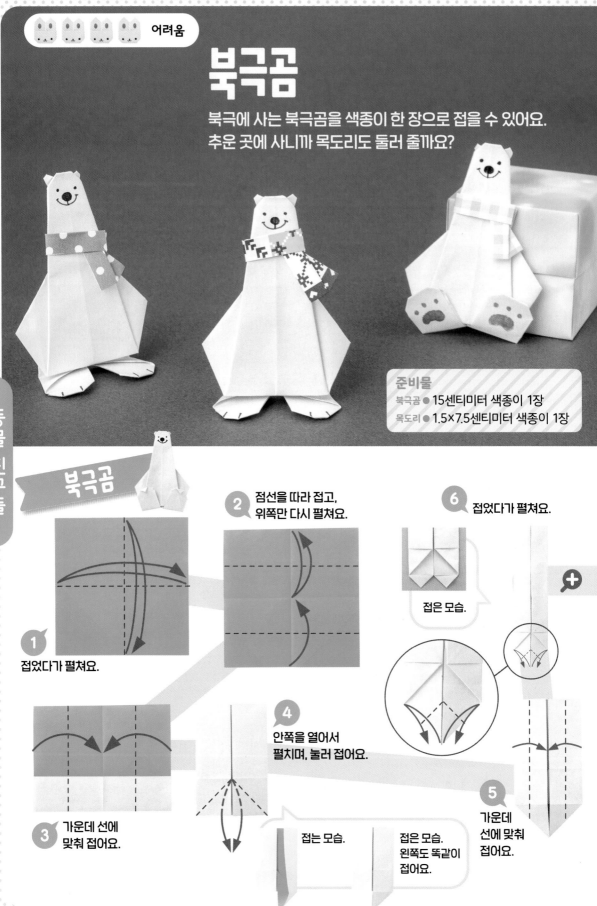

준비물
북극곰 ● 15센티미터 색종이 1장
목도리 ● 1.5×7.5센티미터 색종이 1장

북극곰

1 접었다가 펼쳐요.

2 점선을 따라 접고, 위쪽만 다시 펼쳐요.

3 가운데 선에 맞춰 접어요.

4 안쪽을 열어서 펼치며, 눌러 접어요.

접는 모습.

접은 모습. 왼쪽도 똑같이 접어요.

5 가운데 선에 맞춰 접어요.

6 접었다가 펼쳐요.

접은 모습.

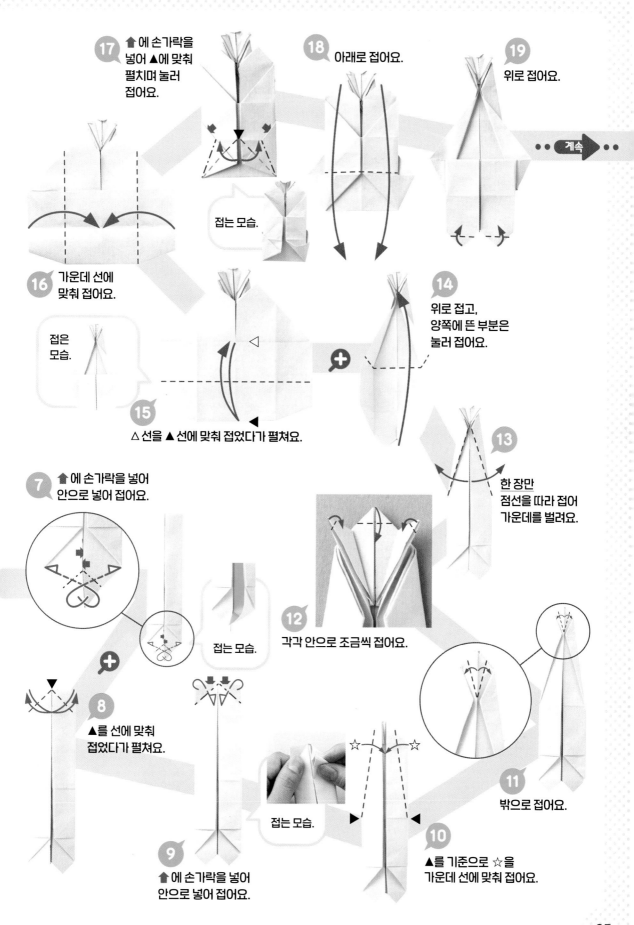

17 ⬆에 손가락을 넣어 ▲에 맞춰 펼치며 눌러 접어요.

18 아래로 접어요.

19 위로 접어요.

접는 모습.

계속

16 가운데 선에 맞춰 접어요.

접은 모습.

14 위로 접고, 양쪽에 뜬 부분은 눌러 접어요.

15 △선을 ▲선에 맞춰 접었다가 펼쳐요.

13 한 장만 점선을 따라 접어 가운데를 벌려요.

7 ⬆에 손가락을 넣어 안으로 넣어 접어요.

12 각각 안으로 조금씩 접어요.

접는 모습.

8 ▲를 선에 맞춰 접었다가 펼쳐요.

11 밖으로 접어요.

접는 모습.

9 ⬆에 손가락을 넣어 안으로 넣어 접어요.

10 ▲를 기준으로 ☆을 가운데 선에 맞춰 접어요.

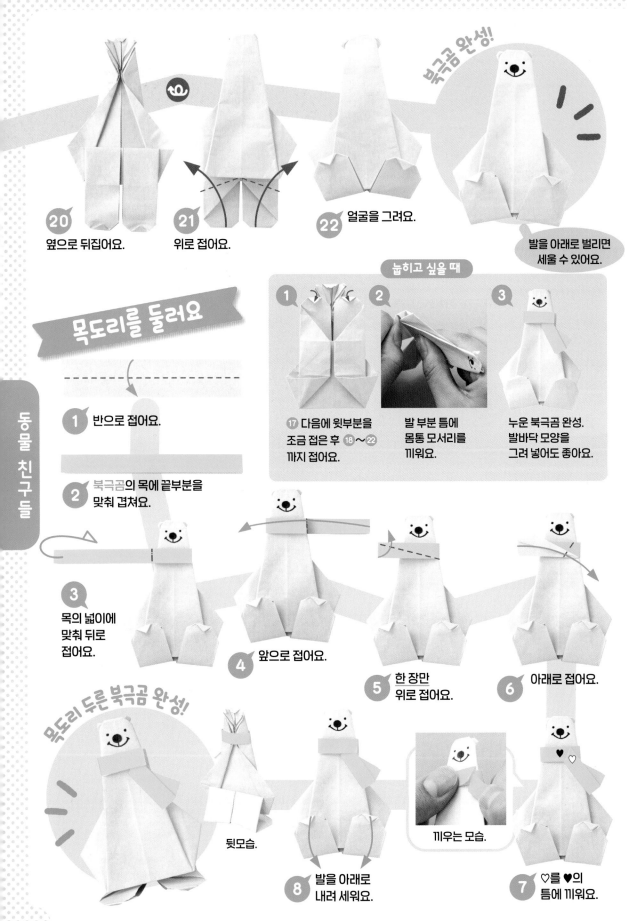

20 옆으로 뒤집어요.

21 위로 접어요.

22 얼굴을 그려요.

북극곰 완성!

발을 아래로 벌리면 세울 수 있어요.

동물 친구들

목도리를 둘러요

1 반으로 접어요.

2 북극곰의 목에 끝부분을 맞춰 겹쳐요.

3 목의 넓이에 맞춰 뒤로 접어요.

눕히고 싶을 때

1 **17** 다음에 윗부분을 조금 접은 후 **18** ~ **22** 까지 접어요.

2 발 부분 틈에 몸통 모서리를 끼워요.

3 누운 북극곰 완성. 발바닥 모양을 그려 넣어도 좋아요.

4 앞으로 접어요.

5 한 장만 위로 접어요.

6 아래로 접어요.

목도리 두른 북극곰 완성!

뒷모습.

8 발을 아래로 내려 세워요.

끼우는 모습.

7 ♡를 ♥의 틈에 끼워요.

96

한 장으로 접는
동물 친구

동글동글 동물랜드

동글동글 귀여운 동물 친구들이에요.
접는 방법을 조금만
바꾸거나, 얼굴과 무늬를
바꾸기만 해도 10가지
동물을 만들 수 있어요.

쥐

햄스터

귀가 처진 강아지

돼지

고양이

강아지

준비물
● 색종이 1장씩
● 원형 스티커

호랑이

곰

토끼

순록

고양이

2 반으로 접었다가 펼쳐요.

3 한 장만 접었다가 펼쳐요.

1
반으로
접어요.

조금 띄워서
접어요.

5 ▲를 선에 맞춰 접어요.

4 두 장 다 아래로 접어요.

6
점선을 따라
접어요.

8 △를 기준으로
▲선에 맞춰 접어요.

••• 계속 •••

7
위로 접어요.

9 위로 접어요.

쥐

1 고양이의 ①~⑦ (97쪽)과 똑같이 접어요.

2 밖으로 접어요.

3 안으로 조금 접어요.

4 옆으로 뒤집어요.

5 얼굴을 그려요.

쥐 완성!

햄스터도 만들 수 있어요
갈색과 하얀색 무늬를 그리면 돼요.

토기

1 고양이의 ①~⑦ (97쪽)과 똑같이 접어요.

2 밖으로 비스듬히 접어요.

3 옆으로 뒤집어요.

4 얼굴을 그려요.

토기 완성!

순록도 만들 수 있어요
코를 빨갛게 그리면 돼요.

10 ♡를 ♥의 사이로 넣어요.

넣는 모습.

11 옆으로 뒤집어요.

12 얼굴을 그려요.

고양이 완성!

강아지도 만들 수 있어요
코와 입을 다르게 그리면 돼요.

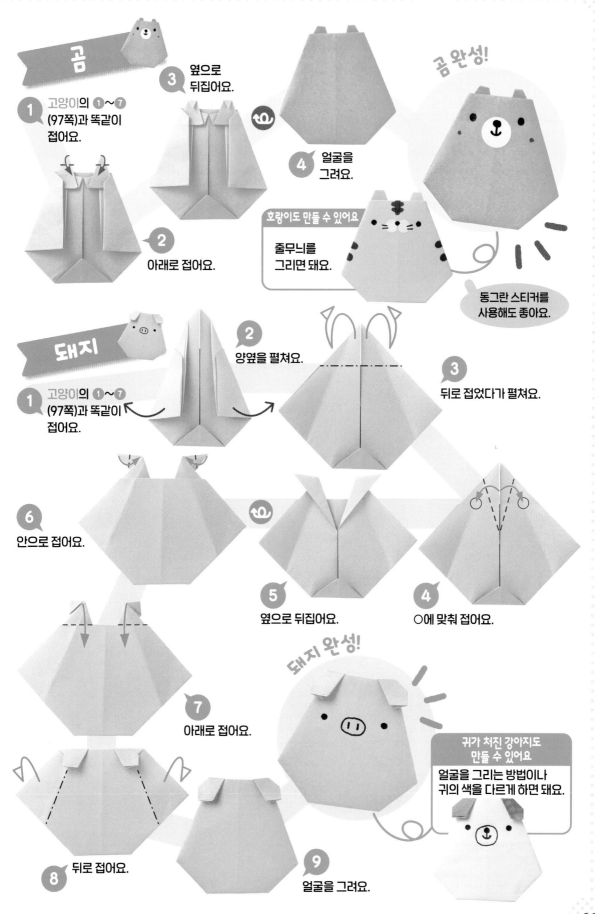

곰

1 고양이의 ①~⑦
(97쪽)과 똑같이
접어요.

2 아래로 접어요.

3 옆으로
뒤집어요.

4 얼굴을
그려요.

곰 완성!

호랑이도 만들 수 있어요
줄무늬를
그리면 돼요.

동그란 스티커를
사용해도 좋아요.

돼지

1 고양이의 ①~⑦
(97쪽)과 똑같이
접어요.

2 양옆을 펼쳐요.

3 뒤로 접었다가 펼쳐요.

4 ○에 맞춰 접어요.

5 옆으로 뒤집어요.

6 안으로 접어요.

7 아래로 접어요.

8 뒤로 접어요.

9 얼굴을 그려요.

돼지 완성!

귀가 처진 강아지도
만들 수 있어요
얼굴을 그리는 방법이나
귀의 색을 다르게 하면 돼요.

보통

준비물
●색종이 2장
●풀이나 테이프

두 장으로 접는
동물 친구 **아기 새**

머리가 커서 귀여운 아기 새예요.
몸통 접는 방법을 조금 바꾸면
앉기도 하고, 날기도 해요.

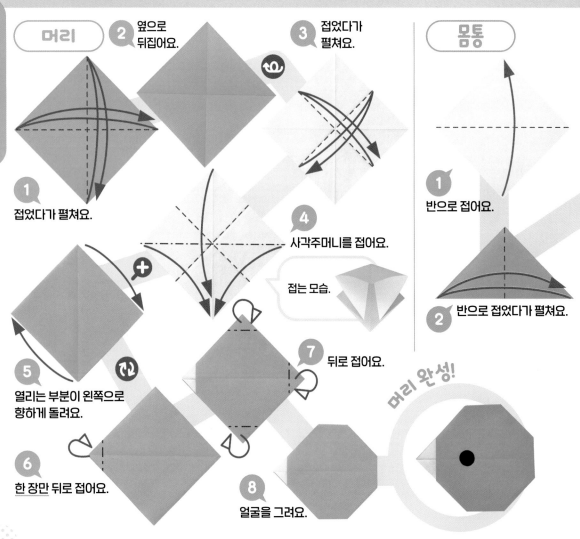

머리

1 접었다가 펼쳐요.

2 옆으로 뒤집어요.

3 접었다가 펼쳐요.

4 사각주머니를 접어요.

접는 모습.

5 열리는 부분이 왼쪽으로 향하게 돌려요.

6 한 장만 뒤로 접어요.

7 뒤로 접어요.

8 얼굴을 그려요.

몸통

1 반으로 접어요.

2 반으로 접었다가 펼쳐요.

머리 완성!

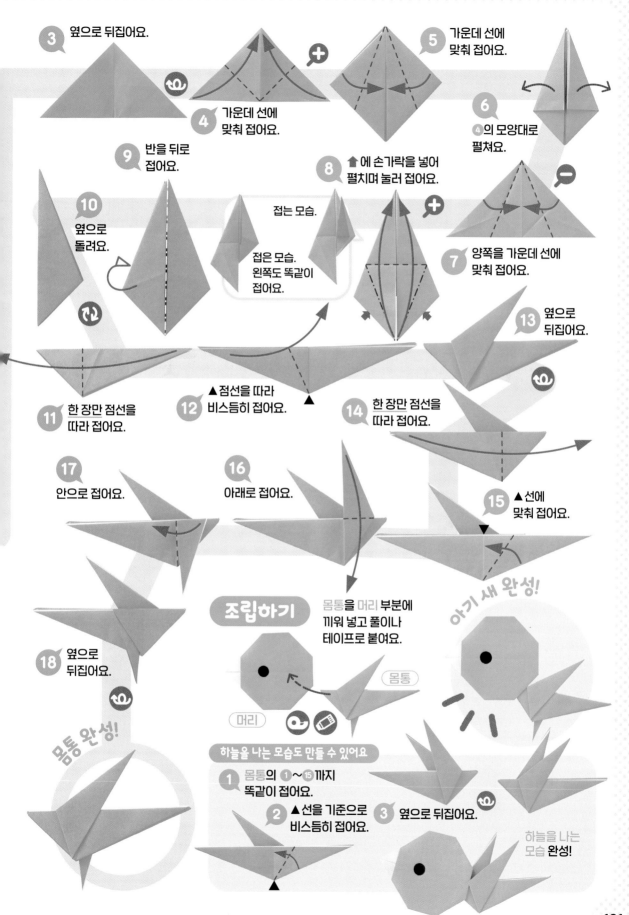

3 옆으로 뒤집어요.

4 가운데 선에 맞춰 접어요.

5 가운데 선에 맞춰 접어요.

6 ④의 모양대로 펼쳐요.

7 양쪽을 가운데 선에 맞춰 접어요.

8 ↑에 손가락을 넣어 펼치며 눌러 접어요.

접는 모습.

접은 모습. 왼쪽도 똑같이 접어요.

9 반을 뒤로 접어요.

10 옆으로 돌려요.

11 한 장만 점선을 따라 접어요.

12 ▲점선을 따라 비스듬히 접어요.

13 옆으로 뒤집어요.

14 한 장만 점선을 따라 접어요.

15 ▲선에 맞춰 접어요.

16 아래로 접어요.

17 안으로 접어요.

18 옆으로 뒤집어요.

몸통 완성!

조립하기

몸통을 머리 부분에 끼워 넣고 풀이나 테이프로 붙여요.

몸통

머리

아기 새 완성!

하늘을 나는 모습도 만들 수 있어요

1 몸통의 ①~⑮까지 똑같이 접어요.

2 ▲선을 기준으로 비스듬히 접어요.

3 옆으로 뒤집어요.

하늘을 나는 모습 완성!

101

두 장으로 접는
동물 친구

강아지

큰 귀를 늘어뜨린 강아지예요.
꼬리를 뒤로 밀면 세울 수도 있어요.

준비물
● 색종이 2장
● 풀이나 테이프

동물 친구들

머리

1 반으로 접어요.

2 접었다가 펼쳐요.

3 두 장 다 위로
접었다가 펼쳐요.

4 한 장만 뒤로
조금 접어요.

5 위로 접어요.

6 뒤로 접어요.

7 옆으로 뒤집어요.

8 아래로 접어요.

9 옆으로 뒤집어요.

10 안으로 접어요.

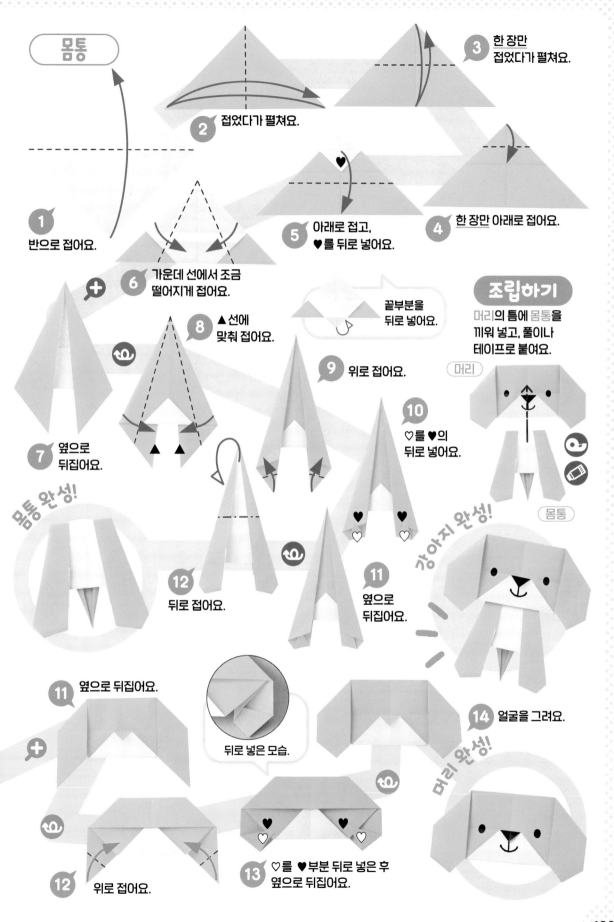

몸통

2 접었다가 펼쳐요.

3 한 장만 접었다가 펼쳐요.

1 반으로 접어요.

4 한 장만 아래로 접어요.

5 아래로 접고, ♥를 뒤로 넣어요.

6 가운데 선에서 조금 떨어지게 접어요.

끝부분을 뒤로 넣어요.

조립하기
머리의 틈에 몸통을 끼워 넣고, 풀이나 테이프로 붙여요.

머리

8 ▲선에 맞춰 접어요.

9 위로 접어요.

10 ♡를 ♥의 뒤로 넣어요.

7 옆으로 뒤집어요.

몸통

몸통 완성!

12 뒤로 접어요.

11 옆으로 뒤집어요.

강아지 완성!

11 옆으로 뒤집어요.

뒤로 넣은 모습.

14 얼굴을 그려요.

머리 완성!

12 위로 접어요.

13 ♡를 ♥부분 뒤로 넣은 후 옆으로 뒤집어요.

두 장으로 접는 동물 친구 판다

동글동글 귀여운 판다예요. 종이 크기를
바꿔서 엄마랑 아기 판다를 만들어 봐요.

준비물
● 색종이 2장
● 풀이나 테이프

동물 친구들

머리

1 접었다가 펼쳐요.

2 옆으로 뒤집어요.

3 가운데 선에 맞춰 접었다가 펼쳐요.

4 안으로 접어요.

5 옆으로 뒤집어요.

6 반으로 접어요.

7 한 장만 위로 접어요.

8 아래로 접어요.

9 위로 접어요.

10 아래로 조금 접어요.

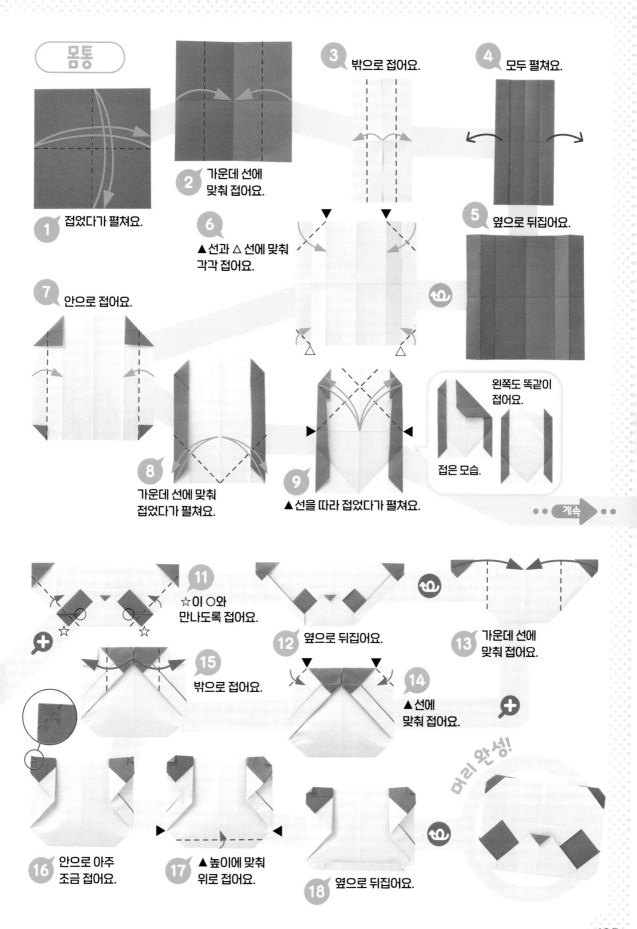

몸통

1 접었다가 펼쳐요.

2 가운데 선에 맞춰 접어요.

3 밖으로 접어요.

4 모두 펼쳐요.

5 옆으로 뒤집어요.

6 ▲선과 △선에 맞춰 각각 접어요.

7 안으로 접어요.

8 가운데 선에 맞춰 접었다가 펼쳐요.

9 ▲선을 따라 접었다가 펼쳐요.

왼쪽도 똑같이 접어요.

접은 모습.

••• 계속 •••

11 ☆이 ○와 만나도록 접어요.

12 옆으로 뒤집어요.

13 가운데 선에 맞춰 접어요.

15 밖으로 접어요.

14 ▲선에 맞춰 접어요.

머리 완성!

16 안으로 아주 조금 접어요.

17 ▲높이에 맞춰 위로 접어요.

18 옆으로 뒤집어요.

12 가운데 선에 맞춰 접었다가 펼쳐요.

13 ⬆에 손가락을 넣어 펼치며 눌러 접어요.

펼친 다음 위로 접어요.

14 아래로 접었다 펴요.

접은 모습.

15 양쪽을 벌리면서 선을 따라 접어요.

11 점선을 따라 접어요.

펼친 다음 아래로 접어요.

펼친 다음 아래로 접어요.

17 ⬆ 부분을 펼치며 눌러 접어요.

16 아래로 접었다가 펼쳐요.

10 옆으로 뒤집어요.

18 한 장만 ▲선을 따라 위로 접어요.

19 접었다가 펼쳐요.

조립하기
몸통 위에 머리를 겹친 후, 풀이나 테이프로 붙여요.

머리

몸통

20 ⬆에 손가락을 넣어 펼치며 눌러 접어요.

펼친 다음 위로 접어요.

21 점선을 따라 ♥ 부분을 아래로 접어요.

24 점선을 따라 뒤로 조금 접어요.

판다 완성!

22 옆으로 뒤집어요.

23 ♡를 안으로 접고, ♥는 위로 접어요.

완성!

106

두 장으로 접는
동물 친구

다람쥐

꼬리가 커다란 다람쥐예요. 여러 번 접어야 하지만
어려운 부분은 없으니 천천히 접어 봐요.

준비물
● 색종이 2장
● 풀이나 테이프

머리

1 반으로 접어요.

2 반으로 접었다가 펼쳐요.

3 가운데 선에 맞춰 접어요.

4 모두 펼쳐요.

5 옆으로 뒤집어요.

6 안으로 접어요.

7 뒤로 접어요.

8 ★을 연결한 선을 따라 한 장만 접었다가 펼쳐요.

접은 모습.

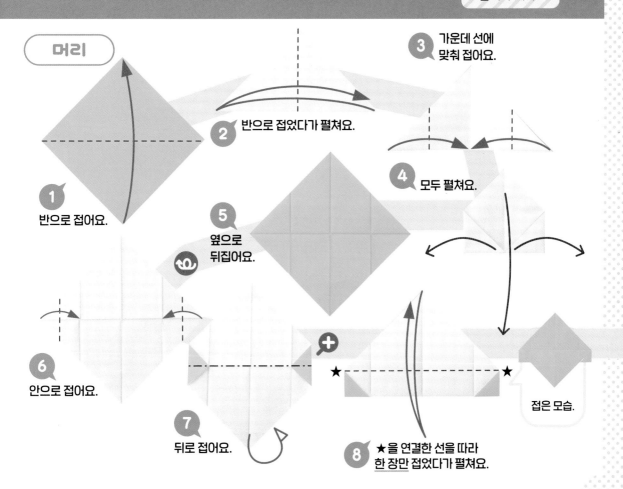

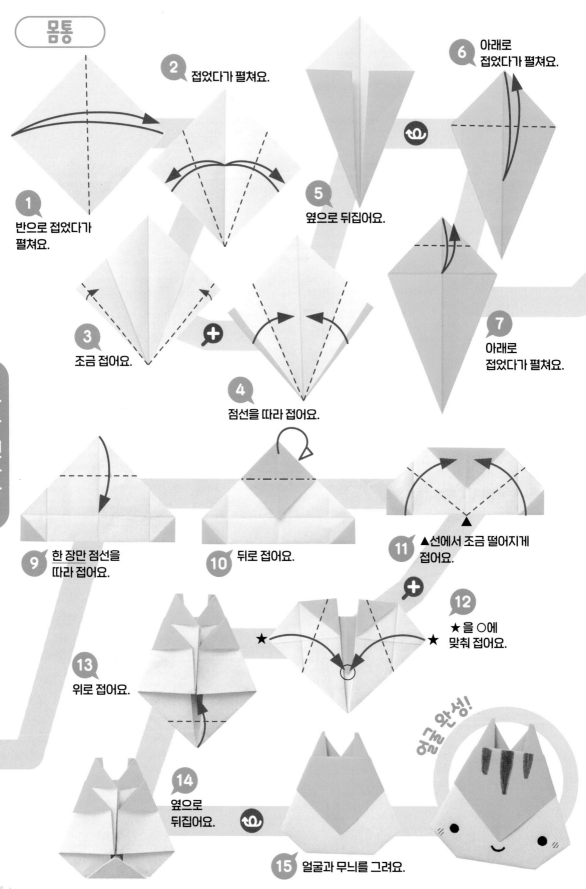

1 반으로 접었다가 펼쳐요.

2 접었다가 펼쳐요.

3 조금 접어요.

4 점선을 따라 접어요.

5 옆으로 뒤집어요.

6 아래로 접었다가 펼쳐요.

7 아래로 접었다가 펼쳐요.

9 한 장만 점선을 따라 접어요.

10 뒤로 접어요.

11 ▲선에서 조금 떨어지게 접어요.

12 ★을 ○에 맞춰 접어요.

13 위로 접어요.

14 옆으로 뒤집어요.

15 얼굴과 무늬를 그려요.

완성!

동물 친구들

8 아래로 접어요.

9 아래로 접어요.

10 ○에 맞춰 접어요.

11 옆으로 뒤집어요.

12 가운데 선에 맞춰 접어요.

13 옆으로 뒤집어요.

14 뒤로 접어요.

15 ★ 선을 ☆ 선에 맞춰 접어요.

16 뒤로 접어요.

17 방향을 오른쪽으로 기울여요.

18 뒤로 접어요.

몸통 완성

조립하기 머리 뒷부분에 몸통의 ★ 부분을 끼우고 풀이나 테이프로 붙여요.

머리

몸통

다람쥐 완성!

몸통 접기 ⑮에서 왼쪽으로 맞춰서 접으면, 꼬리 방향을 바꿀 수 있어요.

가랜드로 방을 예쁘게 꾸며요

준비물

리본 깃발 ● 15cm 색종이의 4분의 1 (15×3.75cm)을 필요한 수 만큼 준비.

삼각 깃발 ● 좋아하는 크기의 색종이를 필요한 수 만큼 준비.

● 풀, 끈(깃발을 연결할때 필요해요.)

리본 깃발

1 반으로 접었다가 펼쳐요.

2 점선을 따라 각각 접어요.

3 ◢에 풀을 칠한 후 접어요.

4 원하는 개수 만큼 만들어요.

5 ④를 끈에 끼워요.

리본 깃발 가랜드 완성!

삼각형 깃발

1 반으로 접었다가 펼쳐요.

2 가운데 선에 맞춰 접어요.

3 아래로 접어요.

4 원하는 개수 만큼 만들어요.

5 위를 열어서 끈을 끼우고 풀을 칠해 붙여요.

6 원하는 개수만큼 끼운 후 뒤집어요.

삼각형 깃발 가랜드 완성!

4

특별한 날

밸런타인데이, 전통 축제, 핼러윈,
크리스마스는 모두가 기다리는
특별한 날이에요. 이런 특별한 날에
어울리는 종이접기를 해 볼까요?
방에 장식도 하고, 친구와 가족에게
선물도 하며 기쁨을 느껴 보세요.

준비물
● 색종이 1장

하트

밸런타인데이에 딱 어울리는 하트.
크기와 색을 달리 하여 여러 가지 하트를 만들어 보아요.
선물이나 카드에 붙여도 좋아요.

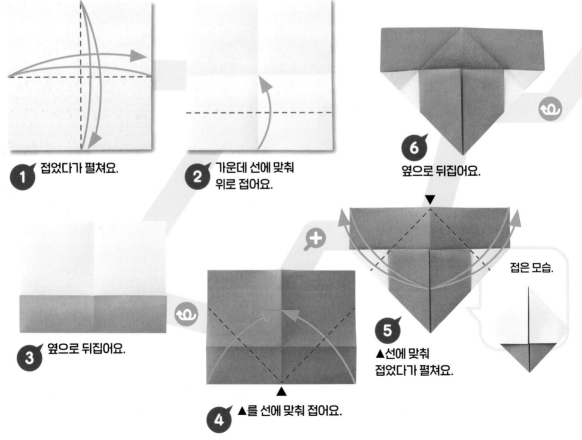

1 접었다가 펼쳐요.

2 가운데 선에 맞춰 위로 접어요.

6 옆으로 뒤집어요.

접은 모습.

5 ▲선에 맞춰 접었다가 펼쳐요.

3 옆으로 뒤집어요.

4 ▲를 선에 맞춰 접어요.

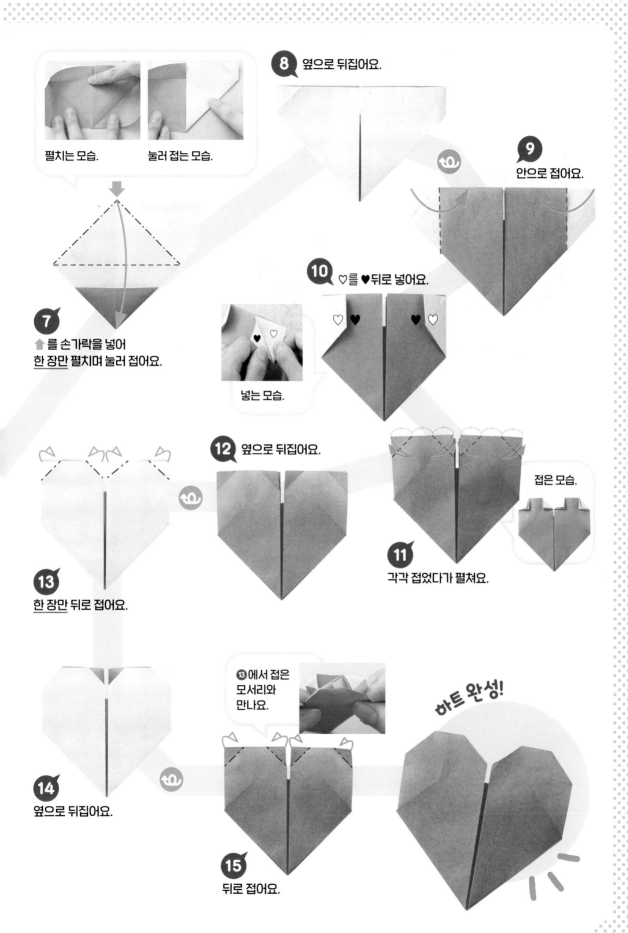

8 옆으로 뒤집어요.

9 안으로 접어요.

펼치는 모습.　　눌러 접는 모습.

7 ⬆를 손가락을 넣어
한 장만 펼치며 눌러 접어요.

10 ♡를 ♥뒤로 넣어요.

넣는 모습.

12 옆으로 뒤집어요.

11 각각 접었다가 펼쳐요.

접은 모습.

13 한 장만 뒤로 접어요.

14 옆으로 뒤집어요.

13에서 접은
모서리와
만나요.

15 뒤로 접어요.

하트 완성!

하트 토끼

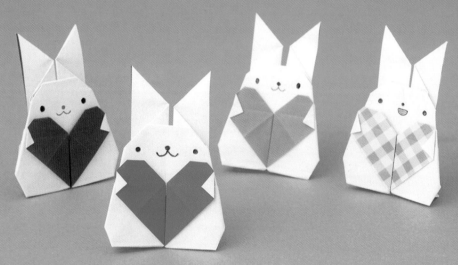

하트를 품에 안은 토끼를 색종이 한 장으로 접을 수 있어요.
무늬가 있는 색종이로 만들어도 귀여워요.

준비물
● 색종이 1장

특별한 날

1 접었다가 펼쳐요.

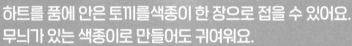

2 옆으로 뒤집고
방향을 돌려요.

↻
↺

3 접었다가 펼쳐요.

4 가운데 선에 맞춰
접었다가 펼쳐요.

접는 모습.

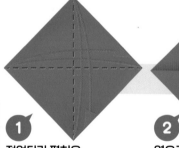

🔍➕

6 위로 뒤집어요.

5 위로 접어요.

7 세 모서리를 모아 눌러 접어요.

8 한 장만 옆으로
접어요.

9 ⬆에 손가락을 넣고,
★을 ▲에 맞춰 펼치며
눌러 접어요.

접는 모습.

10 두 장 모두 옆으로 접어요.

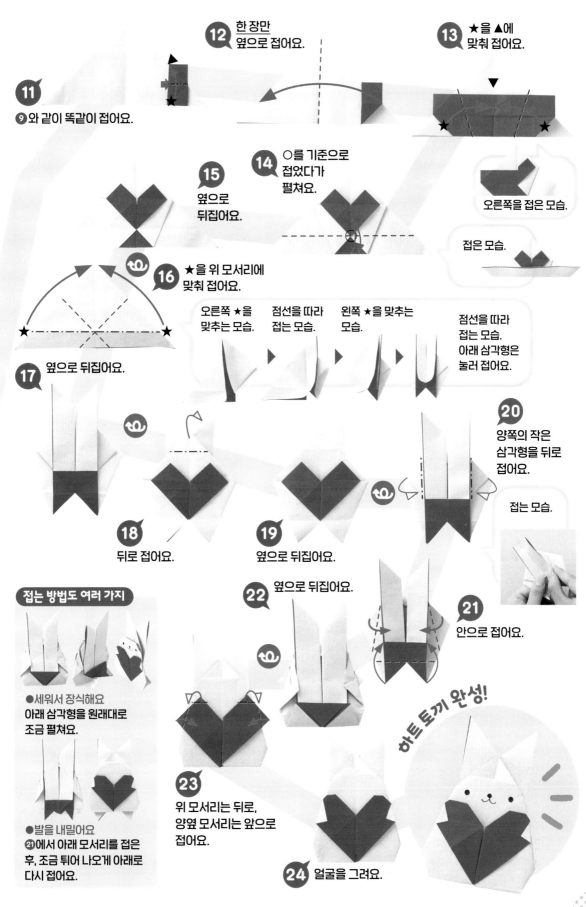

11
9와 같이 똑같이 접어요.

12 한 장만 옆으로 접어요.

13 ★을 ▲에 맞춰 접어요.

오른쪽을 접은 모습.

접은 모습.

14 ○를 기준으로 접었다가 펼쳐요.

15 옆으로 뒤집어요.

16 ★을 위 모서리에 맞춰 접어요.

오른쪽 ★을 맞추는 모습.

점선을 따라 접는 모습.

왼쪽 ★을 맞추는 모습.

점선을 따라 접는 모습. 아래 삼각형은 눌러 접어요.

17 옆으로 뒤집어요.

18 뒤로 접어요.

19 옆으로 뒤집어요.

20 양쪽의 작은 삼각형을 뒤로 접어요.

접는 모습.

21 안으로 접어요.

22 옆으로 뒤집어요.

접는 방법도 여러 가지

●세워서 장식해요
아래 삼각형을 원래대로 조금 펼쳐요.

●발을 내밀어요
21에서 아래 모서리를 접은 후, 조금 튀어 나오게 아래로 다시 접어요.

23 위 모서리는 뒤로, 양옆 모서리는 앞으로 접어요.

24 얼굴을 그려요.

하트 토끼 완성!

115

하트 고양이

조금 어려움

밸런타인데이

커다란 하트 뒤에서 얼굴을
내밀고 있는 고양이예요.
하트 부분에 편지를 써도 좋아요.

준비물
● 색종이 1장

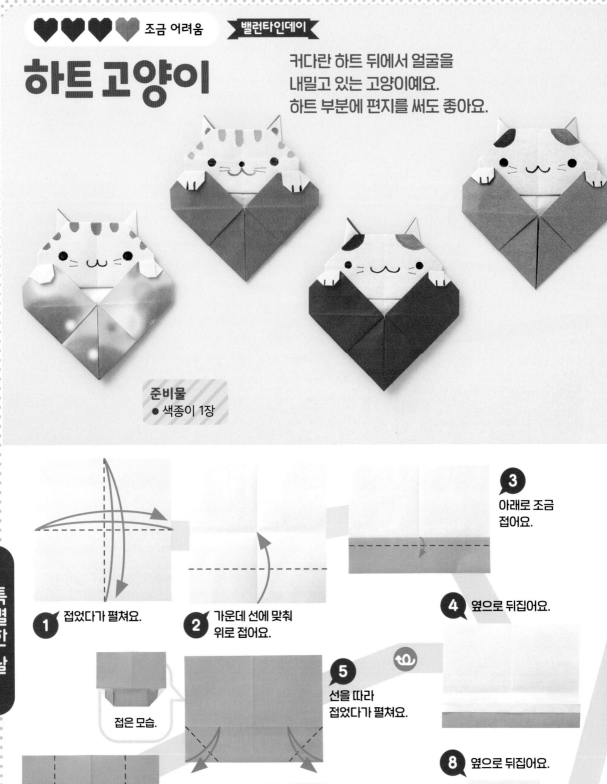

1 접었다가 펼쳐요.

2 가운데 선에 맞춰
위로 접어요.

3 아래로 조금
접어요.

4 옆으로 뒤집어요.

접은 모습.

5 선을 따라
접었다가 펼쳐요.

8 옆으로 뒤집어요.

6 가운데 선에
맞춰 접어요.

7 ⬆에 손가락을
넣어 펼치며
눌러 접어요.

펼치는 모습.

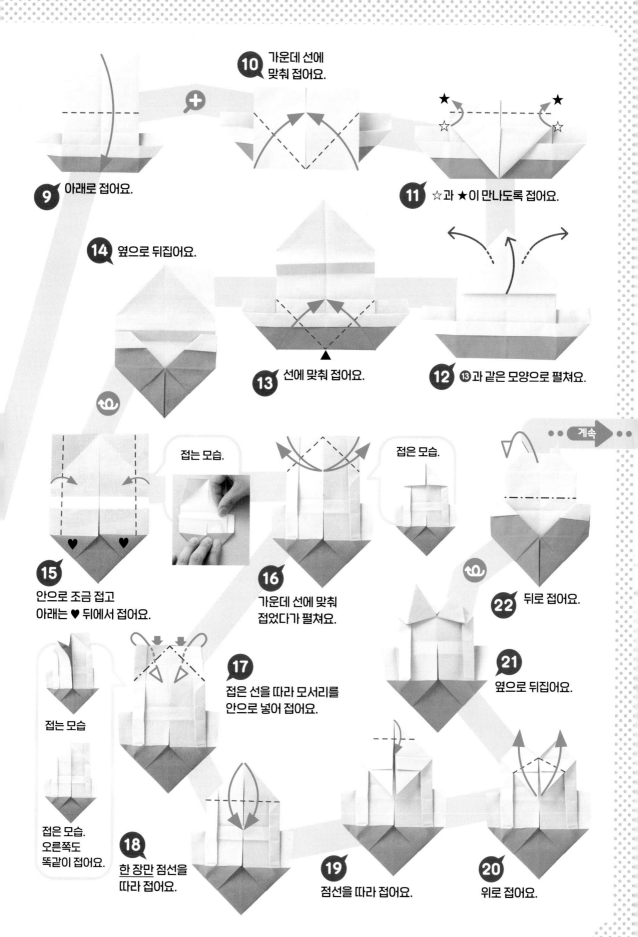

10 가운데 선에 맞춰 접어요.

9 아래로 접어요.

11 ☆과 ★이 만나도록 접어요.

14 옆으로 뒤집어요.

13 선에 맞춰 접어요.

12 ⑬과 같은 모양으로 펼쳐요.

계속

접는 모습.

접은 모습.

15 안으로 조금 접고 아래는 ♥ 뒤에서 접어요.

16 가운데 선에 맞춰 접었다가 펼쳐요.

22 뒤로 접어요.

접는 모습

17 접은 선을 따라 모서리를 안으로 넣어 접어요.

21 옆으로 뒤집어요.

접은 모습. 오른쪽도 똑같이 접어요.

18 한 장만 점선을 따라 접어요.

19 점선을 따라 접어요.

20 위로 접어요.

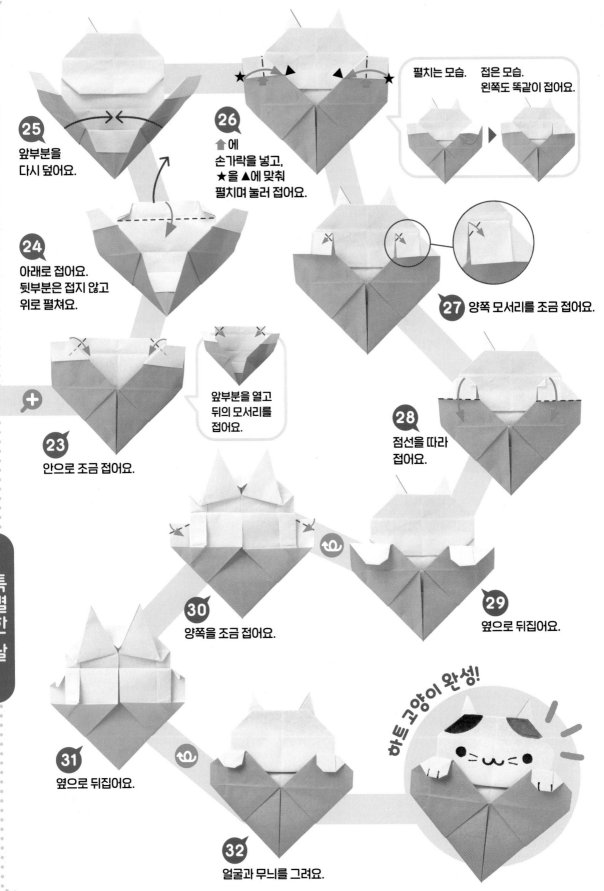

25
앞부분을
다시 덮어요.

26
⬆에
손가락을 넣고,
★을 ▲에 맞춰
펼치며 눌러 접어요.

펼치는 모습.   접은 모습.
왼쪽도 똑같이 접어요.

24
아래로 접어요.
뒷부분은 접지 않고
위로 펼쳐요.

27 양쪽 모서리를 조금 접어요.

23
안으로 조금 접어요.

앞부분을 열고
뒤의 모서리를
접어요.

28
점선을 따라
접어요.

30
양쪽을 조금 접어요.

29
옆으로 뒤집어요.

하트 고양이 완성!

31
옆으로 뒤집어요.

32
얼굴과 무늬를 그려요.

특
별
한

날

뚜껑 달린 상자

뚜껑을 열고 닫을 수 있는 상자예요.
색종이 2장으로 만들기 때문에 색이나
무늬를 바꿔서 만들어도 좋아요.

준비물
● 색종이 2장

상자

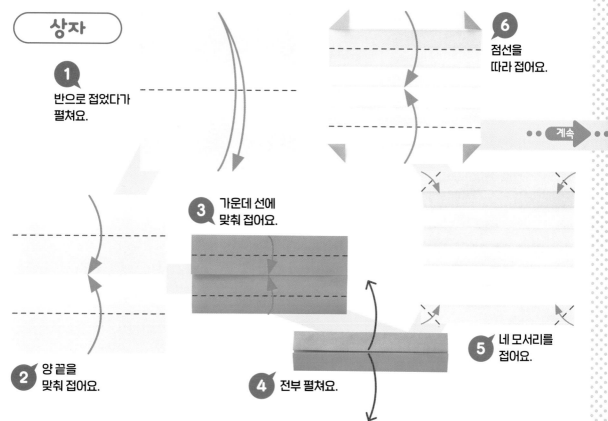

1 반으로 접었다가
펼쳐요.

2 양 끝을
맞춰 접어요.

3 가운데 선에
맞춰 접어요.

4 전부 펼쳐요.

5 네 모서리를
접어요.

6 점선을
따라 접어요.

••• 계속 •••

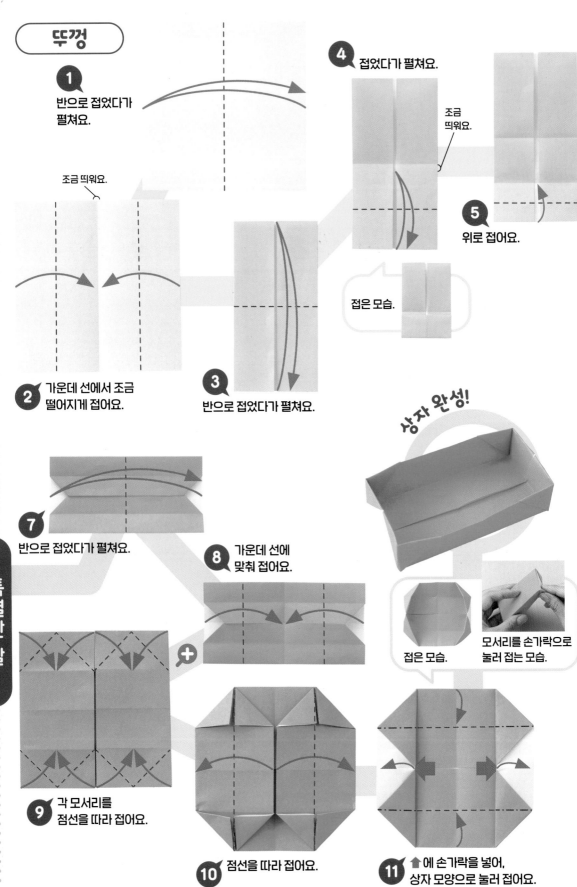

뚜껑

1 반으로 접었다가 펼쳐요.

조금 띄워요.

2 가운데 선에서 조금 떨어지게 접어요.

3 반으로 접었다가 펼쳐요.

4 접었다가 펼쳐요.

조금 띄워요.

5 위로 접어요.

접은 모습.

7 반으로 접었다가 펼쳐요.

8 가운데 선에 맞춰 접어요.

9 각 모서리를 점선을 따라 접어요.

10 점선을 따라 접어요.

11 ⬆에 손가락을 넣어, 상자 모양으로 눌러 접어요.

상자 완성!

접은 모습.

모서리를 손가락으로 눌러 접는 모습.

특별한 날

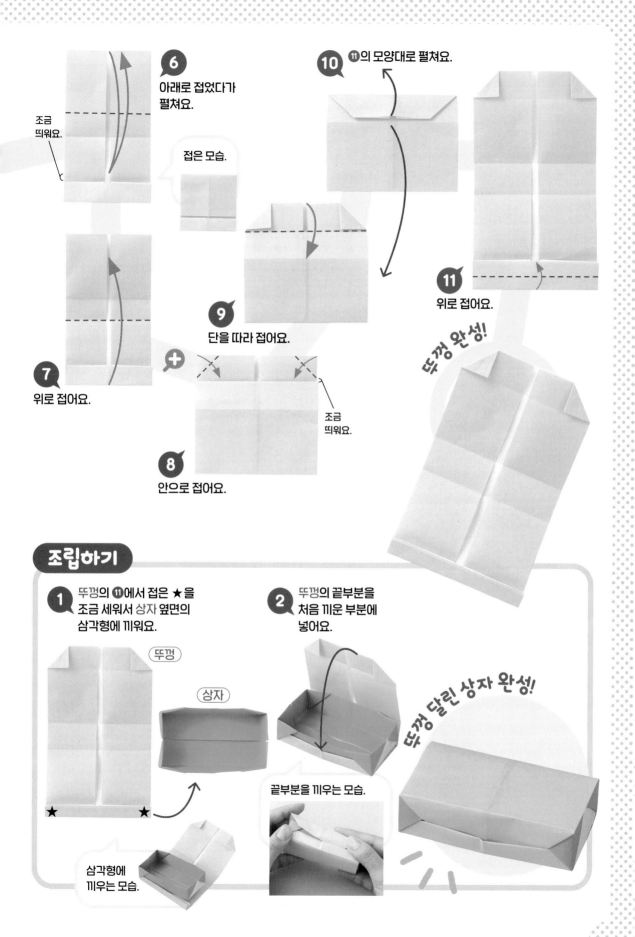

6 아래로 접었다가 펼쳐요.

조금 띄워요.

접은 모습.

7 위로 접어요.

8 안으로 접어요.

9 단을 따라 접어요.

조금 띄워요.

10 ⑪의 모양대로 펼쳐요.

11 위로 접어요.

뚜껑 완성!

조립하기

1 뚜껑의 ⑪에서 접은 ★을 조금 세워서 상자 옆면의 삼각형에 끼워요.

뚜껑

상자

삼각형에 끼우는 모습.

2 뚜껑의 끝부분을 처음 끼운 부분에 넣어요.

끝부분을 끼우는 모습.

뚜껑 달린 상자 완성!

전통 인형 장식

동글동글한 모양의
귀여운 전통 인형과 등불 세트예요.
만들어야 할 게 많지만,
하나씩 천천히 만들어 봐요.

준비물
전통 인형 ● 15센티미터 색종이 2장, 3센티미터 색종이 4장
등불 ● 15센티미터 색종이 1장, 15센티미터 색종이를
　　　 반으로 자른 것(7.5X15센티) 1장
● 풀, 가위

전통 인형

인형

1 반으로 접었다가 펼쳐요.

2 반으로 접어요.

3 반으로 접었다가 펼쳐요.

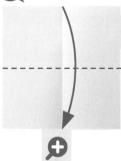

4 점선을 따라 위로 접어요.

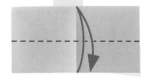

5 전부 펼쳐요.

6 ▲선에 맞춰 위로 접어요.

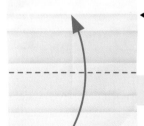

7 ▲ 선에 맞춰 접어요.

8 점선을 따라 오른쪽 부터 접어요.

9 ❼의 모양대로 펼쳐요.

여자인형 왕관

1 반으로 접어요.

2 V 부분을 가위로 잘라요.

3 펼쳐서 옆으로 뒤집어요.

여자인형 부채

윗부분을 동그랗게 잘라요.

남자인형 왕관
선을 따라 잘라요.

남자인형 홀
선을 따라 잘라요.

조립하기

인형에 왕관, 부채, 홀을 풀로 붙여요.

전통인형 완성!

접는 모습.

10 ↑에 손가락을 넣어 펼치며 눌러 접어요.

11 점선을 따라 접어요.

12 점선을 따라 접어요.

13 점선을 따라 접어요.

16 옆으로 뒤집어요.

15 뒤로 접어요.

14 왼쪽도 10~13과 똑같이 접어요.

17 가운데 선에 맞춰 접어요.

18 점선을 따라 접어요.

19 옆으로 뒤집어요.

20 얼굴을 그려요.

전통인형 완성!

똑같은 인형을 2개 접어서 남자와 여자로 만들어요.

123

등불

등불 부분

1 반으로 접었다가 펴요.

2 가운데 선에 맞춰 접어요.

3 가운데 선에 맞춰 접어요.

4 전부 펴요.

5 위는 ▲ 선에, 아래는 △ 선에 맞춰 접어요.

6 가운데 선에 맞춰 접어요.

불빛 부분에 색을 넣고 싶다면, 15×5센티미터의 색종이를 끼워요.

7 네 모서리를 양끝에 맞춰 접어요.

8 옆으로 뒤집어요.

9 가운데 선에 맞춰 접어요. 뒷장은 접지 않아요.

오른쪽을 접은 모습.

10 점선을 따라 접었다가 펴요.

11 **9**의 모양대로 펴요.

접은 모습.

12 **10**에서 접은 선에 맞춰 접어요.

13 점선을 따라 접어요. 뒷장은 접지 않아요.

14 옆으로 뒤집어요.

테이프로 붙여도 좋아요.

등불 부분 완성!

특별한 날

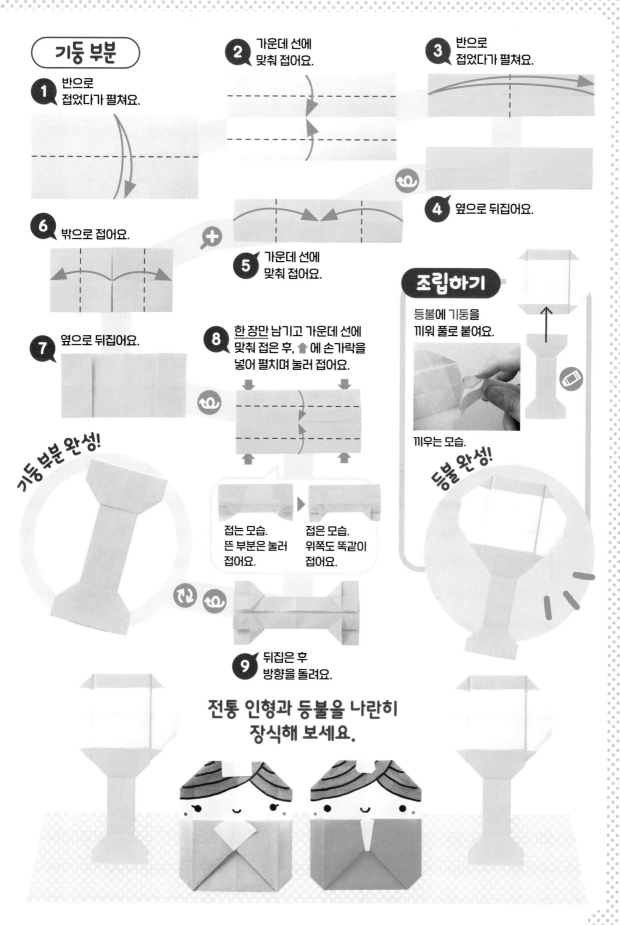

기둥 부분

1 반으로 접었다가 펼쳐요.

2 가운데 선에 맞춰 접어요.

3 반으로 접었다가 펼쳐요.

4 옆으로 뒤집어요.

5 가운데 선에 맞춰 접어요.

6 밖으로 접어요.

7 옆으로 뒤집어요.

8 한 장만 남기고 가운데 선에 맞춰 접은 후, ⬆에 손가락을 넣어 펼치며 눌러 접어요.

접는 모습. 뜬 부분은 눌러 접어요.

접은 모습. 위쪽도 똑같이 접어요.

9 뒤집은 후 방향을 돌려요.

기둥 부분 완성!

조립하기

등불에 기둥을 끼워 풀로 붙여요.

끼우는 모습.

등불 완성!

전통 인형과 등불을 나란히 장식해 보세요.

준비물
● 색종이 1장

호박 유령

핼러윈 하면 호박과 유령이 생각나요.
이 둘을 합치면 정말 귀엽답니다.
여러 가지 표정도 그려 봐요.

특별한 날

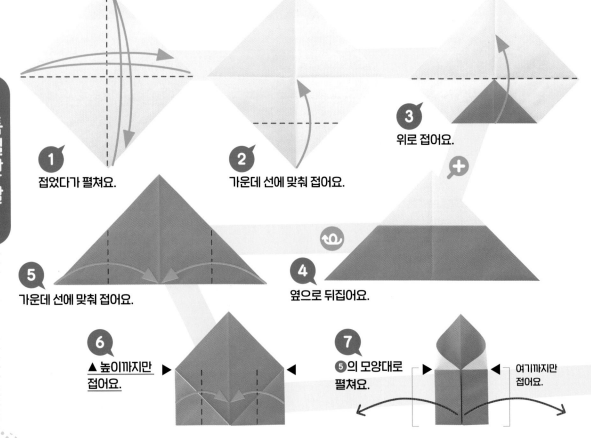

1 접었다가 펼쳐요.

2 가운데 선에 맞춰 접어요.

3 위로 접어요.

5 가운데 선에 맞춰 접어요.

4 옆으로 뒤집어요.

6 ▲ 높이까지만 접어요.

7 **5**의 모양대로 펼쳐요.

여기까지만 접어요.

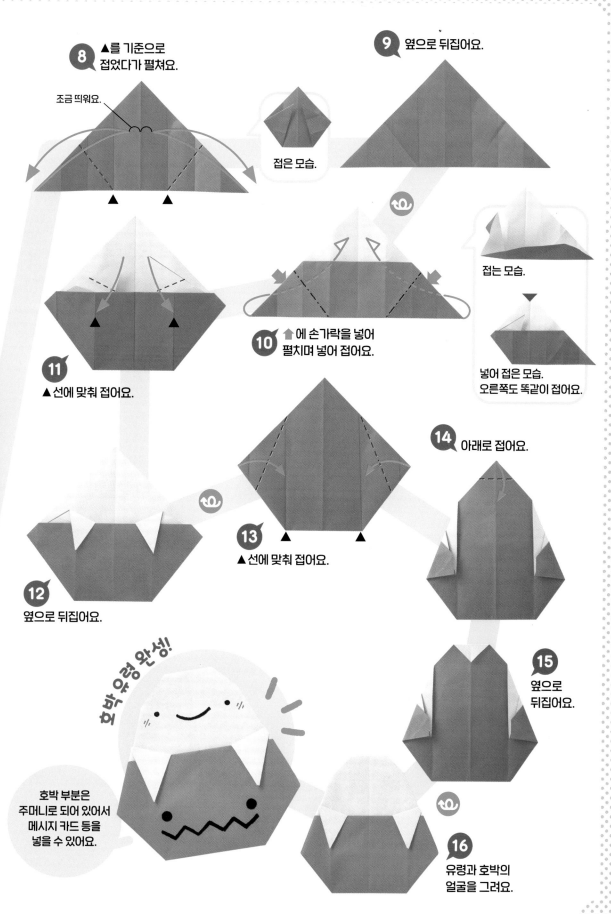

고양이 귀 머리띠

고양이 귀를 접어 머리에 직접 달 수 있는
종이접기예요. 핼러윈에 이 머리띠를 쓰면
훌륭한 변신 도구가 될 거예요.

준비물
● 15센티미터 색종이 1장
 60~80센티미터 끈 1개
● 풀

특별한 날

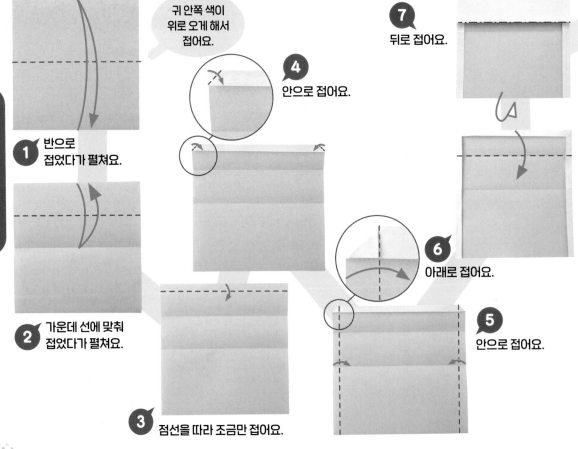

1 반으로
 접었다가 펼쳐요.

2 가운데 선에 맞춰
 접었다가 펼쳐요.

3 점선을 따라 조금만 접어요.

귀 안쪽 색이
위로 오게 해서
접어요.

4 안으로 접어요.

5 안으로 접어요.

6 아래로 접어요.

7 뒤로 접어요.

9 위로 접어요.

8 뒤로 접어요.

10 ⑥의 모양대로 펼쳐요.

13 뒤로 접어요.

12 ▲점선에 맞춰 접었다가 펼쳐요.

접은 모습.

11 옆으로 뒤집어요.

14 앞으로 접어요.

15 ⑫의 모양대로 펼쳐요.

16 옆으로 뒤집어요.

17 아래에서 첫 번째와 두 번째 접은 선 사이에 끈을 놓아요.

19 아래 끝부분에 풀을 칠하고, 아래로 접어요.

18 맨 아래 접은 선에서 위로 접어요.

20 ○의 사이에 풀을 칠하고, 위로 접어요.

21 ▲선 사이에 풀을 칠하고, 점선을 따라 접어요.

22 머리에 얹고 끈을 턱 아래에서 묶어 착용해요.

고양이 귀 머리띠 완성!

위를 접어 가운데를 풀로 붙인 다음, 양쪽을 세워서 귀 모양으로 만들어요.

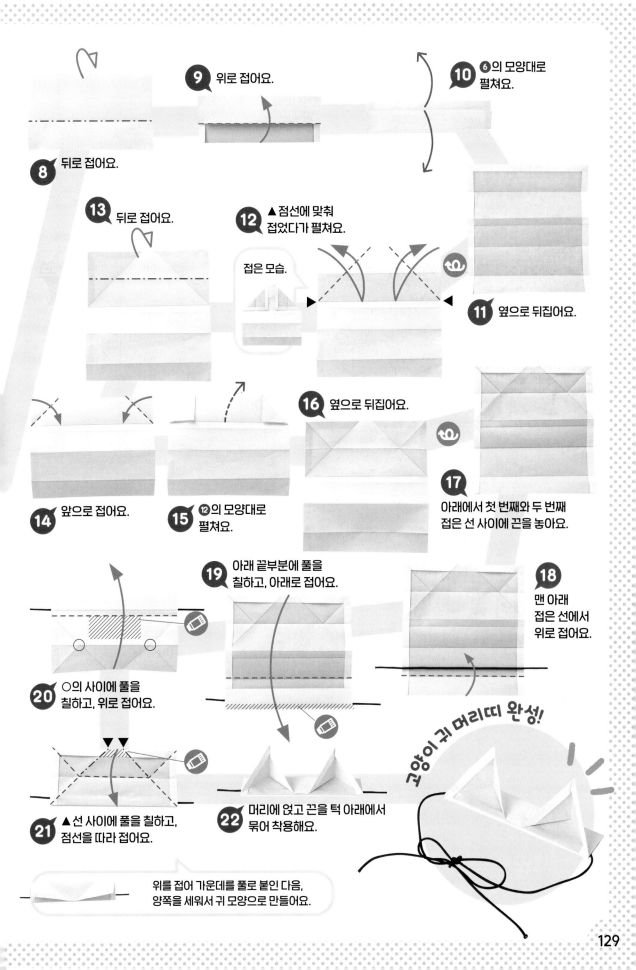

마법 지팡이

♥♥♥♥ 보통 · 핼러윈

줄무늬 봉에 별, 달 등
여러 가지 모양을 붙여서
나만의 요술봉을 만들어 봐요!

준비물
봉 ● 15센티미터 색종이 2장
별 ● 15센티미터 색종이 2장
달 ● 15센티미터 색종이 1장
하트 ● 15센티미터 색종이 1장
태양 ● 15센티미터 색종이 3장
● 가위, 풀

별

달

태양

하트

별 요술봉 · 막대

1 위로 접어요.

조금 띄워요.

2 옆으로 뒤집어요.

✂ ✂

5 가위로 잘라요.

3 동그랗게 말아요.

마는 모습.

4 동그랗게 말다가 끝부분에 풀을 칠해요.

끝 부분에 풀칠한
상태로 계속
말아요.

흰색 모서리가
남으면 풀로
붙여요.

6 같은 모양으로 2개
만들어 연결해요.

끼우는 모습.

끼우는 모습.
풀로 붙여도 좋아요.

막대 완성!

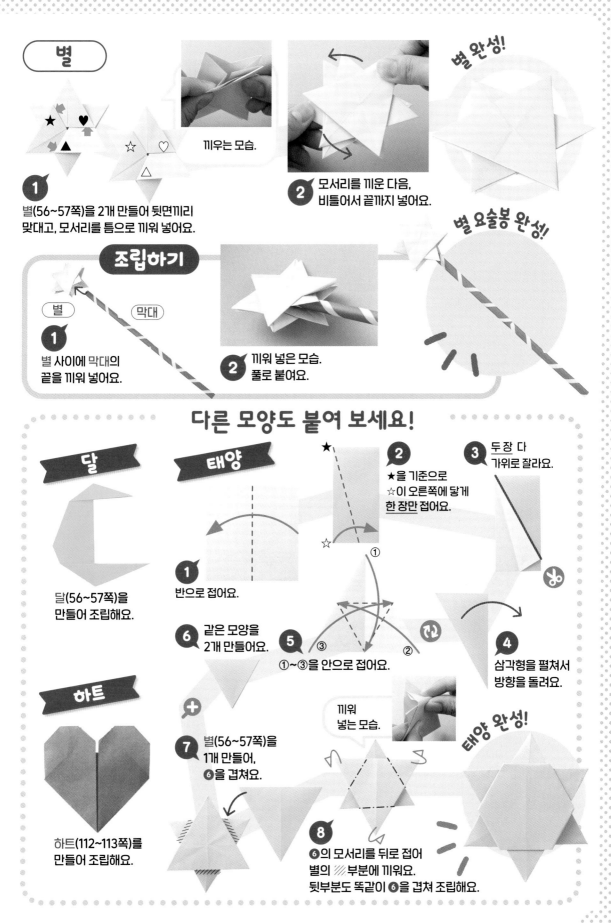

별

1 별(56~57쪽)을 2개 만들어 뒷면끼리 맞대고, 모서리를 틈으로 끼워 넣어요.

끼우는 모습.

2 모서리를 끼운 다음, 비틀어서 끝까지 넣어요.

별 완성!

조립하기

별   막대

1 별 사이에 막대의 끝을 끼워 넣어요.

2 끼워 넣은 모습. 풀로 붙여요.

별 요술봉 완성!

다른 모양도 붙여 보세요!

달

달(56~57쪽)을 만들어 조립해요.

태양

1 반으로 접어요.

2 ★을 기준으로 ☆이 오른쪽에 닿게 한 장만 접어요.

3 두 장 다 가위로 잘라요.

4 삼각형을 펼쳐서 방향을 돌려요.

5 ①~③을 안으로 접어요.

6 같은 모양을 2개 만들어요.

7 별(56~57쪽)을 1개 만들어, ⑥을 겹쳐요.

끼워 넣는 모습.

태양 완성!

8 ⑥의 모서리를 뒤로 접어 별의 ░ 부분에 끼워요. 뒷부분도 똑같이 ⑥을 겹쳐 조립해요.

하트

하트(112~113쪽)를 만들어 조립해요.

사탕

핼러윈 사탕을 종이접기로 만들어 봐요.
방을 꾸미거나 카드에 붙여도 귀여워요.

준비물
지팡이 사탕 ● 색종이 1장
사탕 ● 색종이를 반으로 자른 것 1장
● 풀

지팡이 사탕

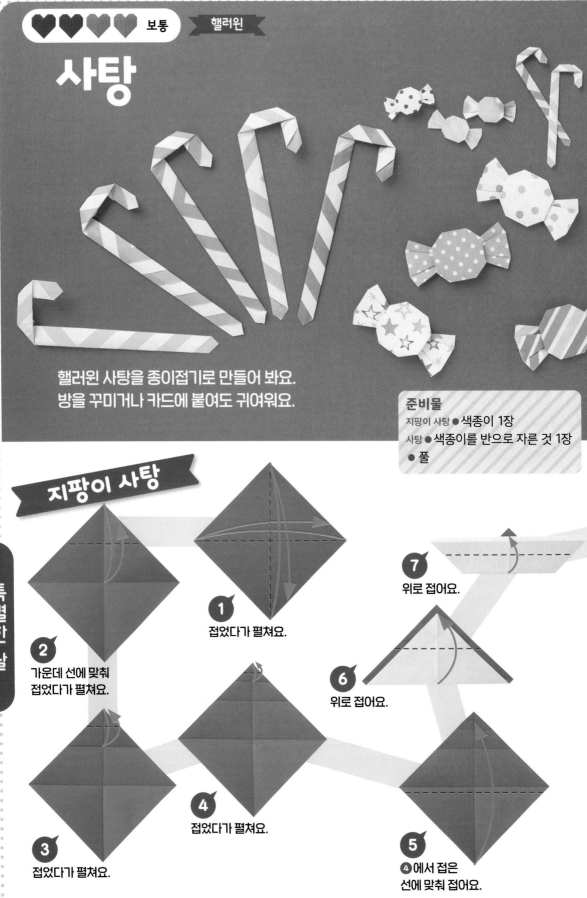

1 접었다가 펼쳐요.

2 가운데 선에 맞춰 접었다가 펼쳐요.

3 접었다가 펼쳐요.

4 접었다가 펼쳐요.

5 ④에서 접은 선에 맞춰 접어요.

6 위로 접어요.

7 위로 접어요.

특별한 날

132

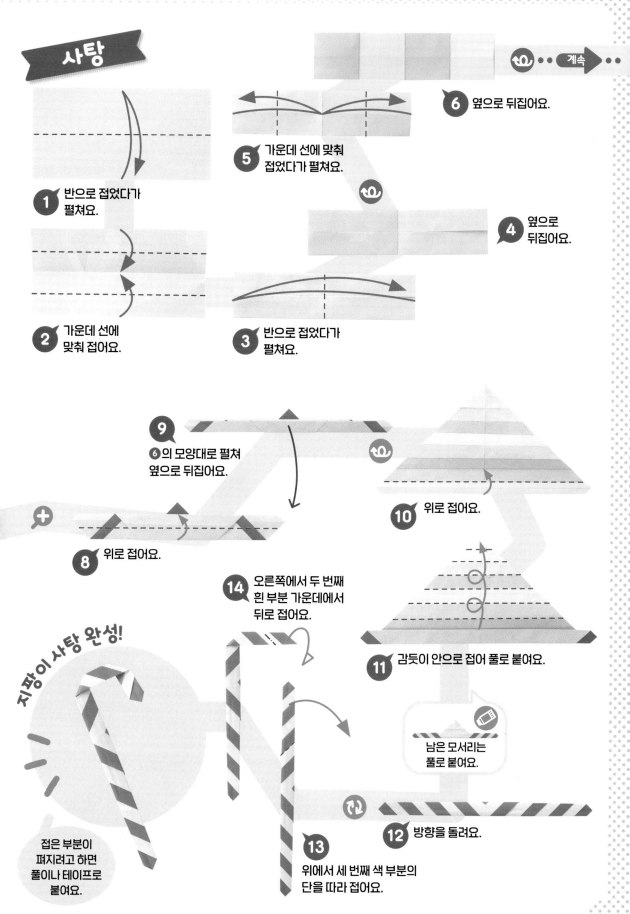

사탕

1 반으로 접었다가 펼쳐요.

2 가운데 선에 맞춰 접어요.

3 반으로 접었다가 펼쳐요.

4 옆으로 뒤집어요.

5 가운데 선에 맞춰 접었다가 펼쳐요.

계속

6 옆으로 뒤집어요.

8 위로 접어요.

9 6의 모양대로 펼쳐 옆으로 뒤집어요.

10 위로 접어요.

11 감듯이 안으로 접어 풀로 붙여요.

남은 모서리는 풀로 붙여요.

12 방향을 돌려요.

13 위에서 세 번째 색 부분의 단을 따라 접어요.

14 오른쪽에서 두 번째 흰 부분 가운데에서 뒤로 접어요.

지팡이 사탕 완성!

접은 부분이 펴지려고 하면 풀이나 테이프로 붙여요.

133

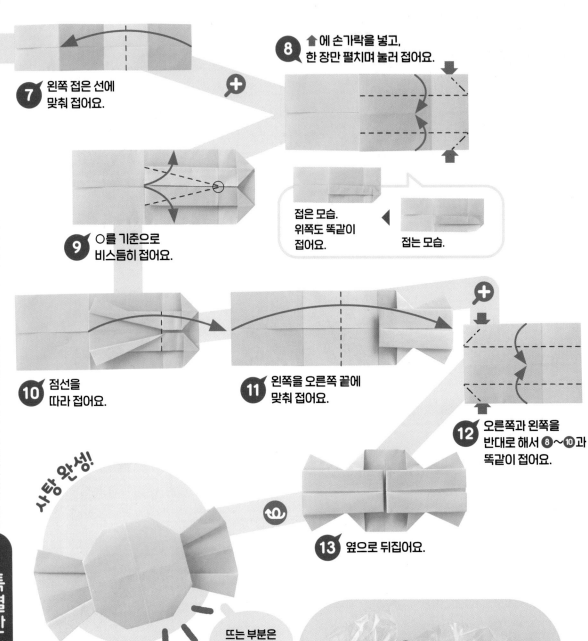

7 왼쪽 접은 선에
맞춰 접어요.

8 ⬆에 손가락을 넣고,
한 장만 펼치며 눌러 접어요.

접은 모습.
위쪽도 똑같이
접어요.

◀ 접는 모습.

9 ○를 기준으로
비스듬히 접어요.

10 점선을
따라 접어요.

11 왼쪽을 오른쪽 끝에
맞춰 접어요.

12 오른쪽과 왼쪽을
반대로 해서 ❽∼❿과
똑같이 접어요.

사탕 완성!

13 옆으로 뒤집어요.

뜨는 부분은
풀로 붙여요.

핼러윈 **예쁘게 포장하는 꿀팁**

핼러윈에 나눠 줄 간식 꾸러미나 파티
초대장에, 이 책에서 소개한 종이접기
작품을 장식하면 무척 귀여워요.
옆의 사진에서는 호박 유령(126~127쪽),
고양이(82~83쪽), 말풍선(186쪽) 등을
붙여서 꾸몄어요.

특별한 날

트리와 양말

크리스마스에 어울리는 소품을 소개할게요.
무늬가 있는 색종이로 접으면 더 예뻐요.
여러 개를 합칠 수도 있어요.

준비물
● 색종이 1장씩

트리

1 반으로 접어요.

2 반으로 접었다가 펼쳐요.

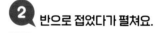

3 선에 맞춰 접어요.

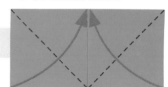

4 가운데 선에 맞춰 접어요.

5 ③의 모양대로 펼쳐요.

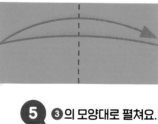

6 점선을 따라 접어요.

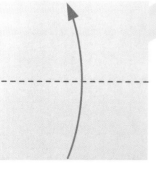

7 점선을 따라 접어요.

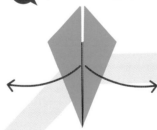

계속

13 뒤쪽의 두 장만 ♡ 부분을
♥ 부분 안으로 넣어요.

넣는 모습.

♡

♥

11 옆으로 뒤집어
똑바로 세워요.

12 아래로 접어요.

15 옆으로 뒤집어요.

14 뒤로 접어요.

10 왼쪽 가장자리에
맞춰 접어요.

16 조금 튀어 나오도록
접어요.

17 ♡ 부분을 ♥ 부분
안으로 넣어요.

♡

♥

넣는 모습.

9 한 장만 펼쳐요.

18 방향을 돌려요.

트리 완성!

8 두 장 다 점선을
따라 접어요.

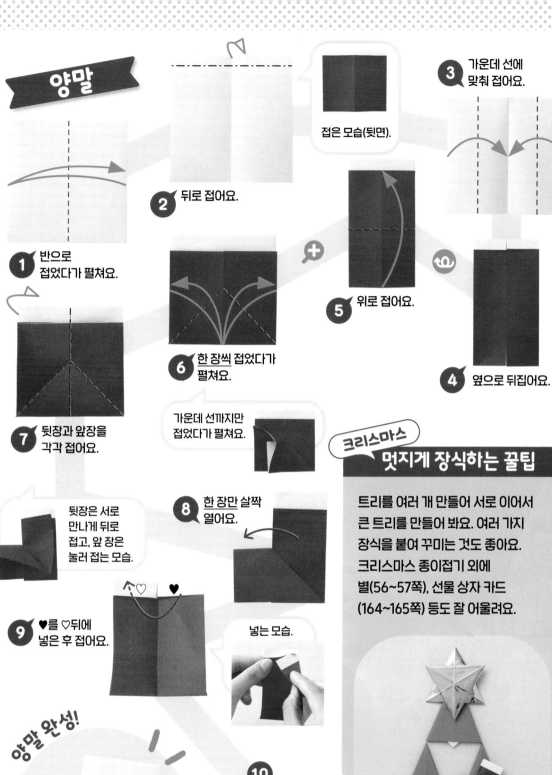

양말

1 반으로 접었다가 펼쳐요.

2 뒤로 접어요.

접은 모습(뒷면).

3 가운데 선에 맞춰 접어요.

5 위로 접어요.

4 옆으로 뒤집어요.

6 한 장씩 접었다가 펼쳐요.

7 뒷장과 앞장을 각각 접어요.

가운데 선까지만 접었다가 펼쳐요.

8 한 장만 살짝 열어요.

뒷장은 서로 만나게 뒤로 접고, 앞 장은 눌러 접는 모습.

9 ♥를 ♡뒤에 넣은 후 접어요.

넣는 모습.

양말 완성!

10 뒤로 접어요.

크리스마스

멋지게 장식하는 꿀팁

트리를 여러 개 만들어 서로 이어서 큰 트리를 만들어 봐요. 여러 가지 장식을 붙여 꾸미는 것도 좋아요. 크리스마스 종이접기 외에 별(56~57쪽), 선물 상자 카드 (164~165쪽) 등도 잘 어울려요.

산타 망토와 모자

산타로 변신하는 망토와 모자예요.
동물 친구들이나 동화 속 공주님,
왕자님에게도 입혀 봐요.

준비물
● 색종이 1장씩

※15센티미터 색종이로 만든 동물이나
공주, 왕자에게 입히려면 망토는
15센티미터, 모자는 7.5센티미터
색종이로 접어요.

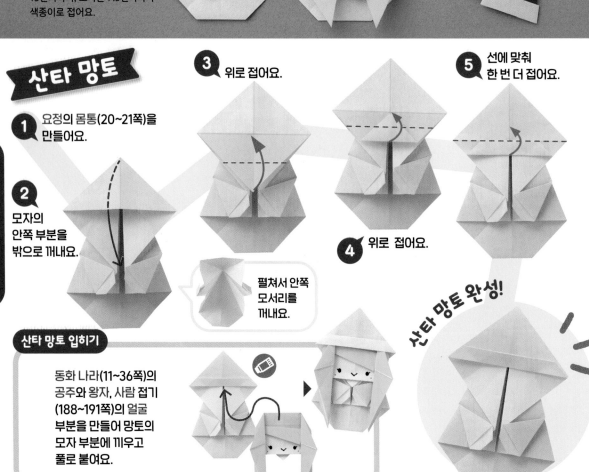

산타 망토

특별한 날

1 요정의 몸통(20~21쪽)을 만들어요.

2 모자의 안쪽 부분을 밖으로 꺼내요.

펼쳐서 안쪽 모서리를 꺼내요.

3 위로 접어요.

4 위로 접어요.

5 선에 맞춰 한 번 더 접어요.

산타 망토 완성!

산타 망토 입히기

동화 나라(11~36쪽)의
공주와 왕자, 사람 접기
(188~191쪽)의 얼굴
부분을 만들어 망토의
모자 부분에 끼우고
풀로 붙여요.

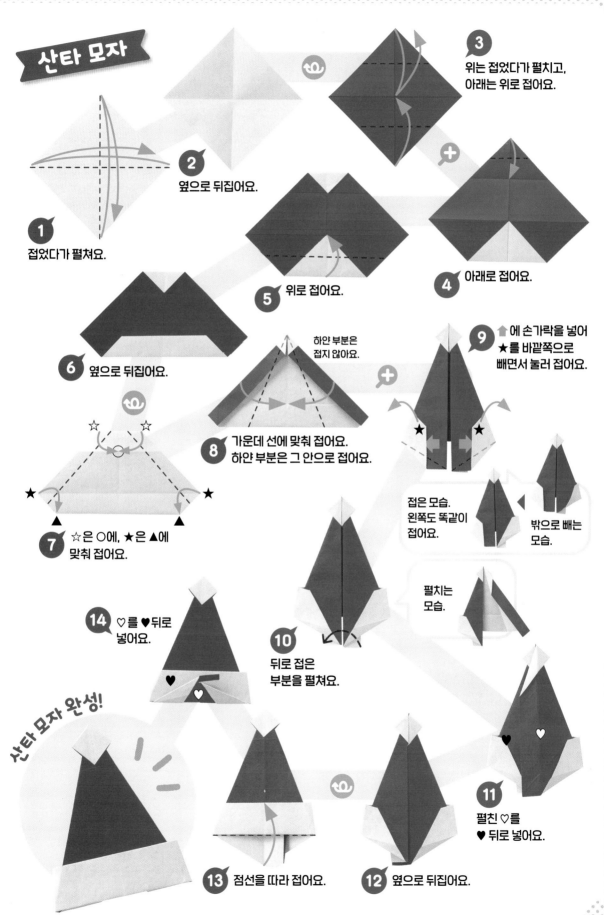

산타 모자

1 접었다가 펼쳐요.

2 옆으로 뒤집어요.

3 위는 접었다가 펼치고, 아래는 위로 접어요.

4 아래로 접어요.

5 위로 접어요.

6 옆으로 뒤집어요.

7 ☆은 ○에, ★은 ▲에 맞춰 접어요.

8 가운데 선에 맞춰 접어요. 하얀 부분은 그 안으로 접어요.

하얀 부분은 접지 않아요.

9 ⬆에 손가락을 넣어 ★를 바깥쪽으로 빼면서 눌러 접어요.

접은 모습. 왼쪽도 똑같이 접어요.

밖으로 빼는 모습.

펼치는 모습.

10 뒤로 접은 부분을 펼쳐요.

11 펼친 ♡를 ♥ 뒤로 넣어요.

12 옆으로 뒤집어요.

13 점선을 따라 접어요.

14 ♡를 ♥ 뒤로 넣어요.

산타 모자 완성!

♥♥♥♥ 조금 어려움

눈사람

모자를 쓴 눈사람을 색종이 한 장으로 만들어요.
많이 만들어서 나란히 놓고 보면 더욱 귀여워요.

준비물
● 색종이 1/3 크기 1장

※15센티미터 색종이의 경우, 15X5센티미터 크기

특별한 날

1 점선을 따라 접어요.

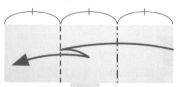

느슨하게 아코디언 모양으로 만든 후, 삼등분이 되도록 접어요.

2 펼쳐서 왼쪽이 위로 가도록 방향을 바꿔요.

3 아래로 접어요.

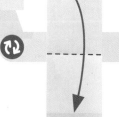

+

4 반으로 살짝 접었다가 펼쳐요.

5 점선을 따라 접어요.

6 양쪽 모서리를 가장자리에 맞춰 접어요.

7 ❺의 모양대로 펼쳐요.

8 ⬆에 손가락을 넣어 안으로 눌러 접어요.

넣으며 눌러 접는 모습.

조금 띄워요.

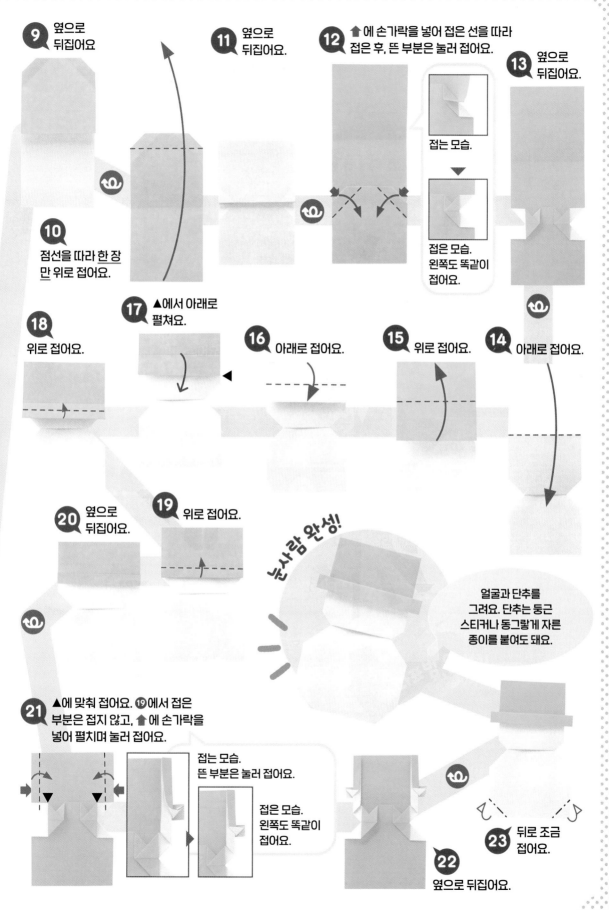

9 옆으로 뒤집어요

10 점선을 따라 한 장만 위로 접어요.

11 옆으로 뒤집어요.

12 ⬆에 손가락을 넣어 접은 선을 따라 접은 후, 뜬 부분은 눌러 접어요.

접는 모습.

▼

접은 모습. 왼쪽도 똑같이 접어요.

13 옆으로 뒤집어요.

14 아래로 접어요.

15 위로 접어요.

16 아래로 접어요.

17 ▲에서 아래로 펼쳐요.

18 위로 접어요.

19 위로 접어요.

20 옆으로 뒤집어요.

눈사람 완성!

얼굴과 단추를 그려요. 단추는 둥근 스티커나 동그랗게 자른 종이를 붙여도 돼요.

21 ▲에 맞춰 접어요. ⑲에서 접은 부분은 접지 않고, ⬆에 손가락을 넣어 펼치며 눌러 접어요.

접는 모습. 뜬 부분은 눌러 접어요.

접은 모습. 왼쪽도 똑같이 접어요.

22 옆으로 뒤집어요.

23 뒤로 조금 접어요.

순록과 종

순록은 복잡해서 접기가 조금 어렵지만
완성하면 무척 귀여워요. 힘내서 끝까지 접어 봐요.
종은 간단하니까 여러 가지 크기로 접어 보세요.

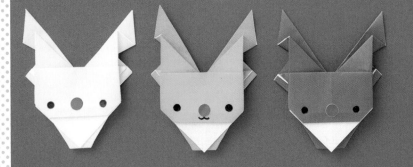

준비물
● 색종이 1장씩
● 둥근 스티커

※종에 붙이는 리본을 접는 방법은
184쪽에 나와 있어요.

특별한 날

순록

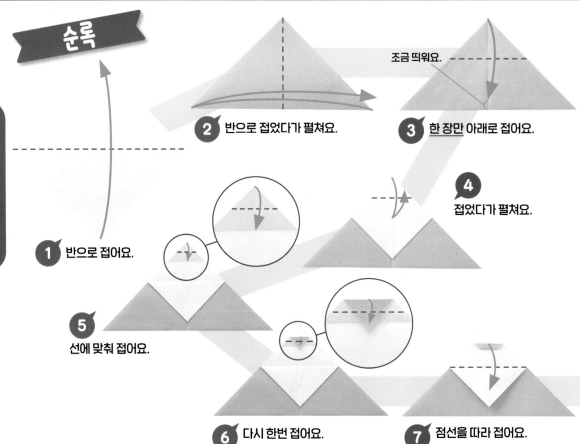

1 반으로 접어요.

2 반으로 접었다가 펼쳐요.

조금 띄워요.

3 **한 장만** 아래로 접어요.

4 접었다가 펼쳐요.

5 선에 맞춰 접어요.

6 다시 한번 접어요.

7 점선을 따라 접어요.

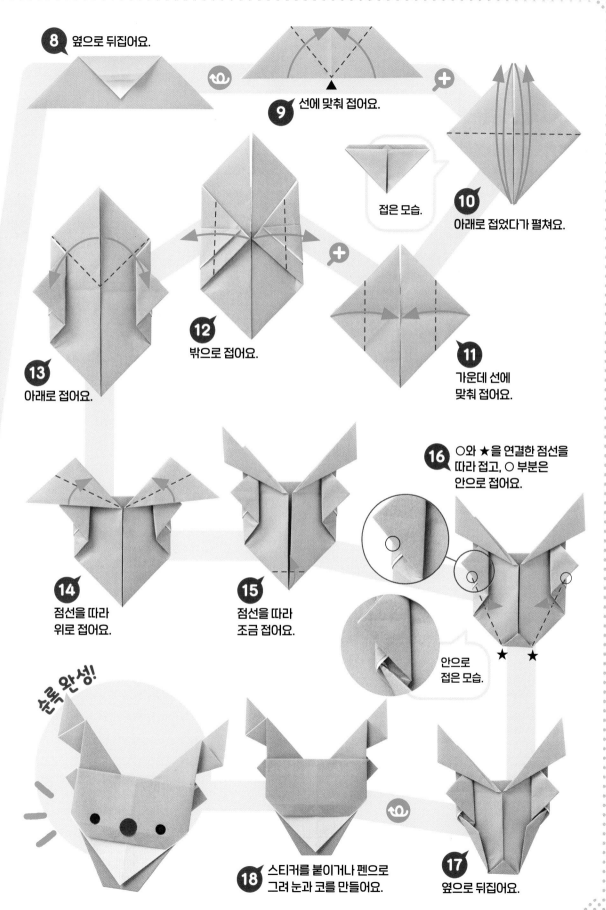

8 옆으로 뒤집어요.

9 선에 맞춰 접어요.

10 아래로 접었다가 펼쳐요.

접은 모습.

11 가운데 선에 맞춰 접어요.

12 밖으로 접어요.

13 아래로 접어요.

14 점선을 따라 위로 접어요.

15 점선을 따라 조금 접어요.

16 ○와 ★을 연결한 점선을 따라 접고, ○ 부분은 안으로 접어요.

안으로 접은 모습.

17 옆으로 뒤집어요.

18 스티커를 붙이거나 펜으로 그려 눈과 코를 만들어요.

쑥쑥 완성!

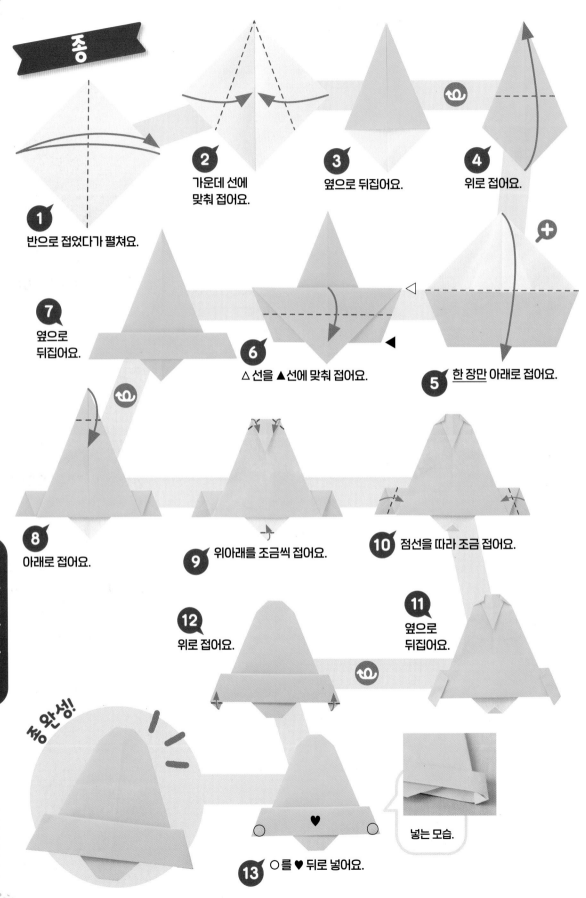

종

1 반으로 접었다가 펼쳐요.

2 가운데 선에 맞춰 접어요.

3 옆으로 뒤집어요.

4 위로 접어요.

5 한 장만 아래로 접어요.

6 △ 선을 ▲선에 맞춰 접어요.

7 옆으로 뒤집어요.

8 아래로 접어요.

9 위아래를 조금씩 접어요.

10 점선을 따라 조금 접어요.

11 옆으로 뒤집어요.

12 위로 접어요.

13 ○를 ♥ 뒤로 넣어요.

넣는 모습.

종 완성!

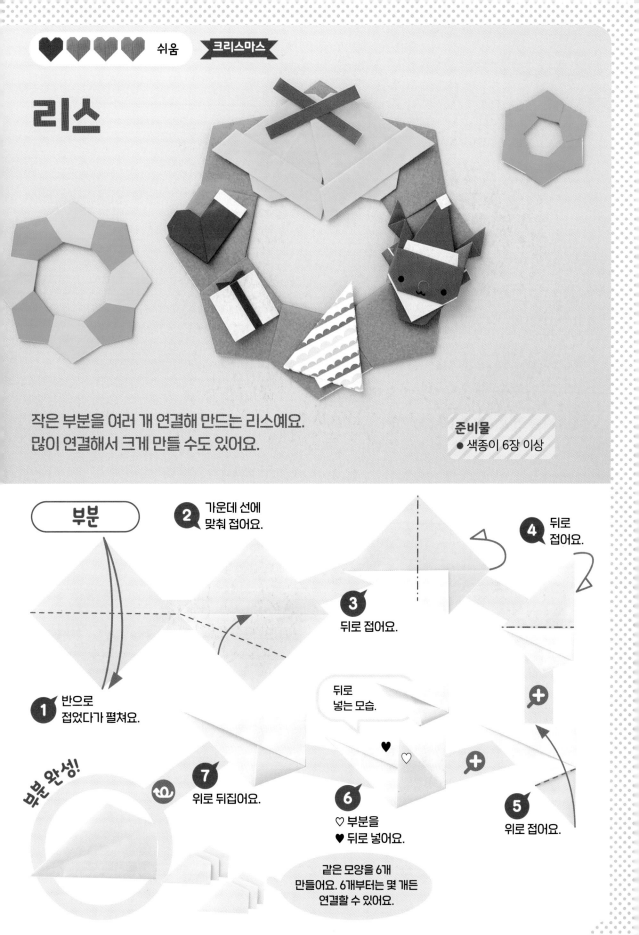

쉬움 크리스마스

리스

작은 부분을 여러 개 연결해 만드는 리스예요.
많이 연결해서 크게 만들 수도 있어요.

준비물
● 색종이 6장 이상

부분

1 반으로 접었다가 펼쳐요.

2 가운데 선에 맞춰 접어요.

3 뒤로 접어요.

4 뒤로 접어요.

뒤로 넣는 모습.

5 위로 접어요.

6 ♡ 부분을 ♥ 뒤로 넣어요.

7 위로 뒤집어요.

짠 완성!

같은 모양을 6개 만들어요. 6개부터는 몇 개든 연결할 수 있어요.

145

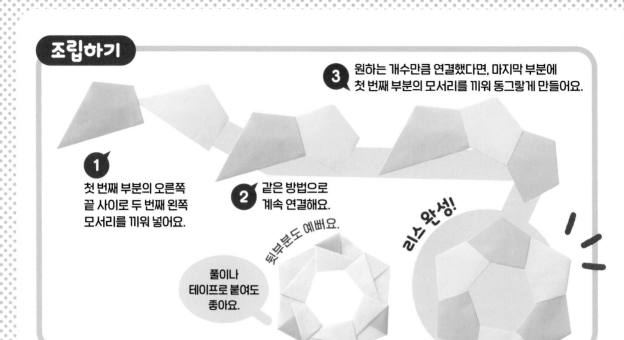

3 원하는 개수만큼 연결했다면, 마지막 부분에 첫 번째 부분의 모서리를 끼워 동그랗게 만들어요.

1 첫 번째 부분의 오른쪽 끝 사이로 두 번째 왼쪽 모서리를 끼워 넣어요.

2 같은 방법으로 계속 연결해요.

뒷부분도 예뻐요.

리스 완성!

풀이나 테이프로 붙여도 좋아요.

크리스마스 장식 꿀팁

트리 장식

이 책의 다른 작품에 끈을 달아, 트리에 걸어 장식해 봐요. 트리의 크기에 맞게 색종이를 골라 만들어요.

리스 장식

아래 리스는 여러 가지 작품을 풀로 붙여서 화려하게 꾸몄어요.

위 리스 장식은 리스(15센티미터 색종이 8장), 종(15센티미터 색종이 2장), 리본(15X1센티미터 색종이 2장), 순록(15센티미터 색종이 1장), 산타 모자(7.5센티미터 색종이 1장), 트리(15센티미터 색종이 1장), 선물 상자 카드(12센티미터 색종이 1장), 장화(10센티미터 색종이 1장)로 만들었어요.

특별한 날

종이고리 장식으로 방을 꾸며요

준비물
- 색종이 1/4 크기를 원하는 수만큼
(15센티미터 색종이라면 15X3.75센티미터)
- 바늘, 실

별 종이고리 장식

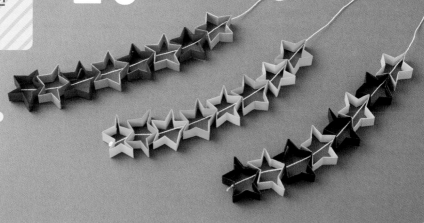

크리스마스나 생일 때 장식으로 사용할 수 있어요.

1 위아래를 같은 높이로 접어요.

2 반으로 접었다가 펼쳐요.

3 가운데 선에 맞춰 접어요.

6 ❸의 모양대로 펼쳐요.

접는 모습.

5 점선을 따라 접어요.

4 반으로 접어요.
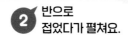

7 한쪽 끝을 세 번째 접은 선까지 펼쳐요.

10 별 모양으로 정리해요.

별 모양 완성!

같은 모양을 원하는 수만큼 만들어요.

9 펼친 부분을 다시 접어요.

8 △와 ▲가 만나도록 다른 쪽 끝을 펼친 끝 쪽으로 넣어요.

조립하기

바늘에 실을 꿰고 끝에 매듭을 지어요. 바늘로 별 모양을 뚫어 실을 연결해요.

매듭

별 종이고리 장식 완성!

하트 종이고리 장식

준비물
- A4 색지 1장 이상
- 가위, 실, 풀, 스테이플러

1 1센티미터 간격으로 원하는 수만큼 잘라요. 자를 대고 칼로 잘라도 돼요.

1센티미터

2 모두 모아 반으로 접어요.

실

3 그중 1개를 펼쳐요.

4 □에 풀을 칠하고, 실 끝을 동그랗게 해서 □에 붙인 후 점선을 따라 접어요.

스테이플러로 고정하는 부분

접지 않아요.

5 실이 빠지지 않도록 스테이플러로 고정해요.

6 왼쪽 끝과 오른쪽끝이 만나게 양옆으로 구부려요.

7 만난 부분을 두 번째 종이 사이에 끼워 넣어요.

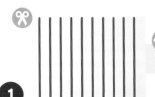

하트 종이고리 장식 완성!

11 맨 끝은 풀로 붙여요.

8 끼워 넣은 부분을 스테이플러로 고정해요.

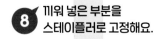

10 이 과정을 반복해서 원하는 수만큼 연결해요.

9 **6**~**8**과 똑같이 연결해요.

5

선물

가족이나 친한 친구에게 선물할 꽃이나
카드를 종이접기로 만들어 봐요.
선물하는 사람도 즐겁고, 받는 사람도
행복해지는 귀여운 종이접기만
모았어요! 웃는 얼굴 같은
종이접기는 물론이고, 진짜
같은 케이크도 있답니다!

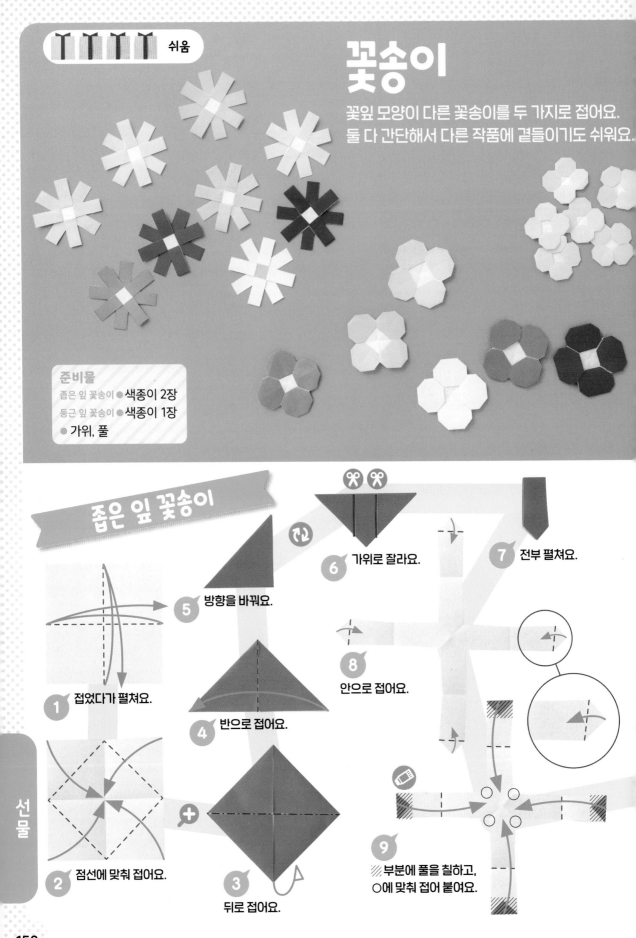

쉬움

꽃송이

꽃잎 모양이 다른 꽃송이를 두 가지로 접어요.
둘 다 간단해서 다른 작품에 곁들이기도 쉬워요.

준비물
좁은 잎 꽃송이 ● 색종이 2장
둥근 잎 꽃송이 ● 색종이 1장
● 가위, 풀

좁은 잎 꽃송이

1 접었다가 펼쳐요.

2 점선에 맞춰 접어요.

3 뒤로 접어요.

4 반으로 접어요.

5 방향을 바꿔요.

6 가위로 잘라요.

7 전부 펼쳐요.

8 안으로 접어요.

9 ⫽ 부분에 풀을 칠하고,
○에 맞춰 접어 붙여요.

선물

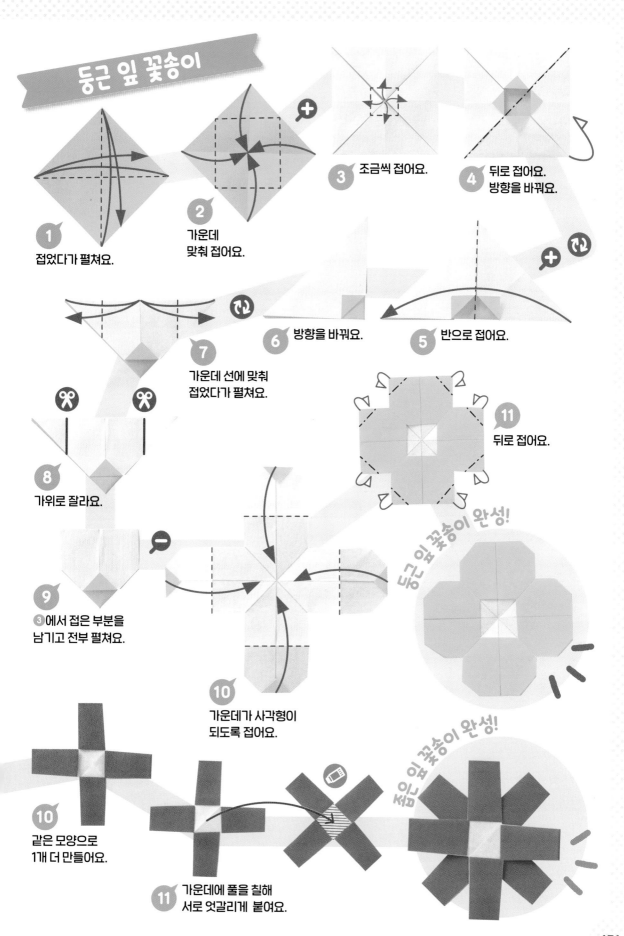

둥근 잎 꽃송이

1 접었다가 펼쳐요.

2 가운데 맞춰 접어요.

3 조금씩 접어요.

4 뒤로 접어요. 방향을 바꿔요.

5 반으로 접어요.

6 방향을 바꿔요.

7 가운데 선에 맞춰 접었다가 펼쳐요.

8 가위로 잘라요.

9 ❸에서 접은 부분을 남기고 전부 펼쳐요.

10 가운데가 사각형이 되도록 접어요.

11 뒤로 접어요.

둥근 잎 꽃송이 완성!

10 같은 모양으로 1개 더 만들어요.

11 가운데에 풀을 칠해 서로 엇갈리게 붙여요.

섬 잎 꽃송이 완성!

준비물
꽃잎 ● 색종이 2장
꽃받침 ● 색종이 1장
줄기 ● 색종이 1장
● 풀

카네이션

어버이날과 스승의 날에 선물하는 카네이션.
종이접기로 만들어 카드에 붙이거나 선물 포장에 곁들여도 좋아요.

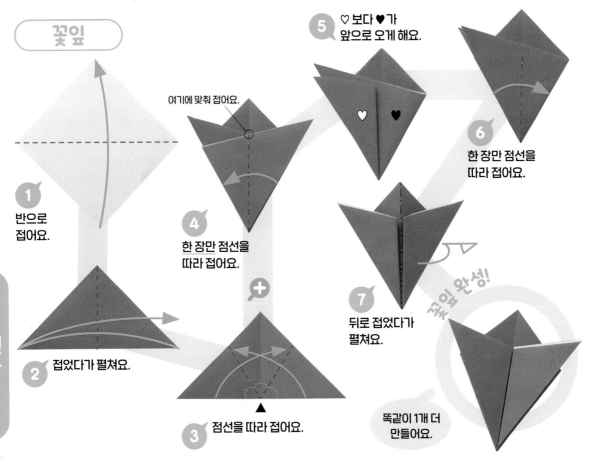

꽃잎

1 반으로 접어요.

2 접었다가 펼쳐요.

3 점선을 따라 접어요.

여기에 맞춰 접어요.

4 한 장만 점선을 따라 접어요.

5 ♡ 보다 ♥가 앞으로 오게 해요.

6 한 장만 점선을 따라 접어요.

7 뒤로 접었다가 펼쳐요.

꽃잎 완성!

똑같이 1개 더 만들어요.

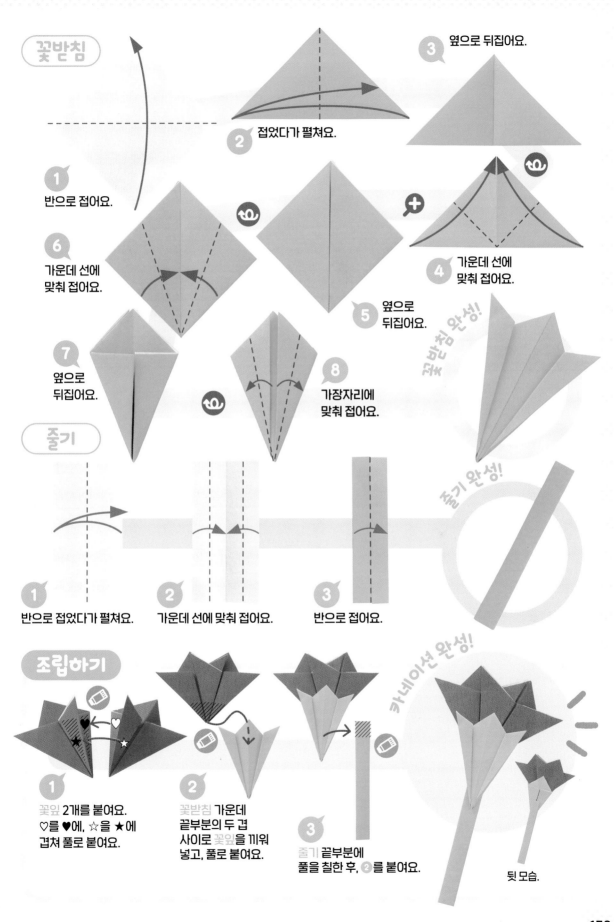

꽃받침

1 반으로 접어요.

2 접었다가 펼쳐요.

3 옆으로 뒤집어요.

4 가운데 선에 맞춰 접어요.

5 옆으로 뒤집어요.

6 가운데 선에 맞춰 접어요.

7 옆으로 뒤집어요.

8 가장자리에 맞춰 접어요.

꽃받침 완성!

줄기

1 반으로 접었다가 펼쳐요.

2 가운데 선에 맞춰 접어요.

3 반으로 접어요.

줄기 완성!

조립하기

카네이션 완성!

1 꽃잎 2개를 붙여요. ♡를 ♥에, ☆을 ★에 겹쳐 풀로 붙여요.

2 꽃받침 가운데 끝부분의 두 겹 사이로 꽃잎을 끼워 넣고, 풀로 붙여요.

3 줄기 끝부분에 풀을 칠한 후, 2 를 붙여요.

뒷 모습.

153

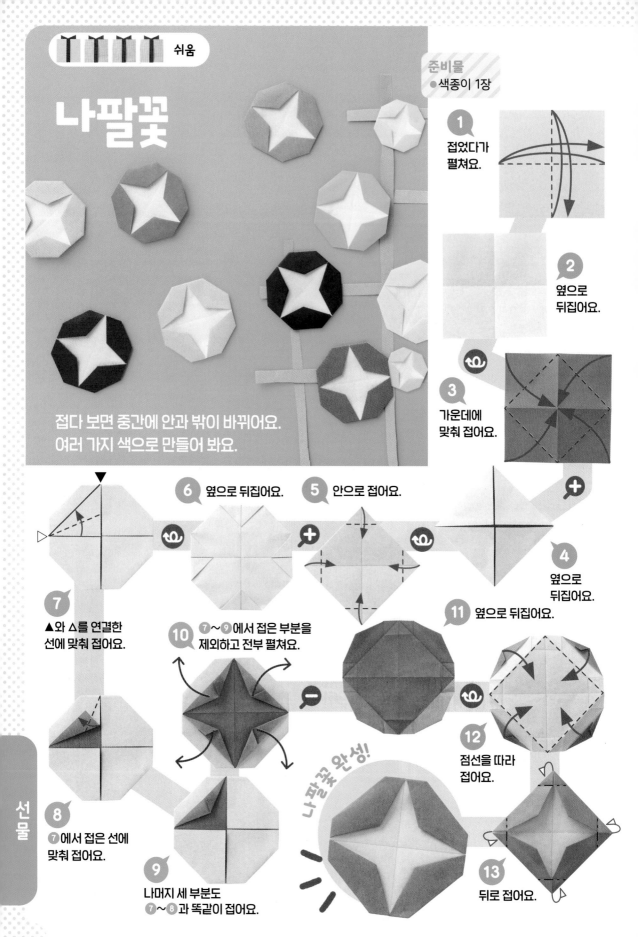

쉬움

나팔꽃

준비물
● 색종이 1장

접다 보면 중간에 안과 밖이 바뀌어요.
여러 가지 색으로 만들어 봐요.

1 접었다가 펼쳐요.

2 옆으로 뒤집어요.

3 가운데에 맞춰 접어요.

4 옆으로 뒤집어요.

5 안으로 접어요.

6 옆으로 뒤집어요.

7 ▲와 △를 연결한 선에 맞춰 접어요.

8 7에서 접은 선에 맞춰 접어요.

9 나머지 세 부분도 7~8과 똑같이 접어요.

10 7~9에서 접은 부분을 제외하고 전부 펼쳐요.

11 옆으로 뒤집어요.

12 점선을 따라 접어요.

13 뒤로 접어요.

나팔꽃 완성!

선물

154

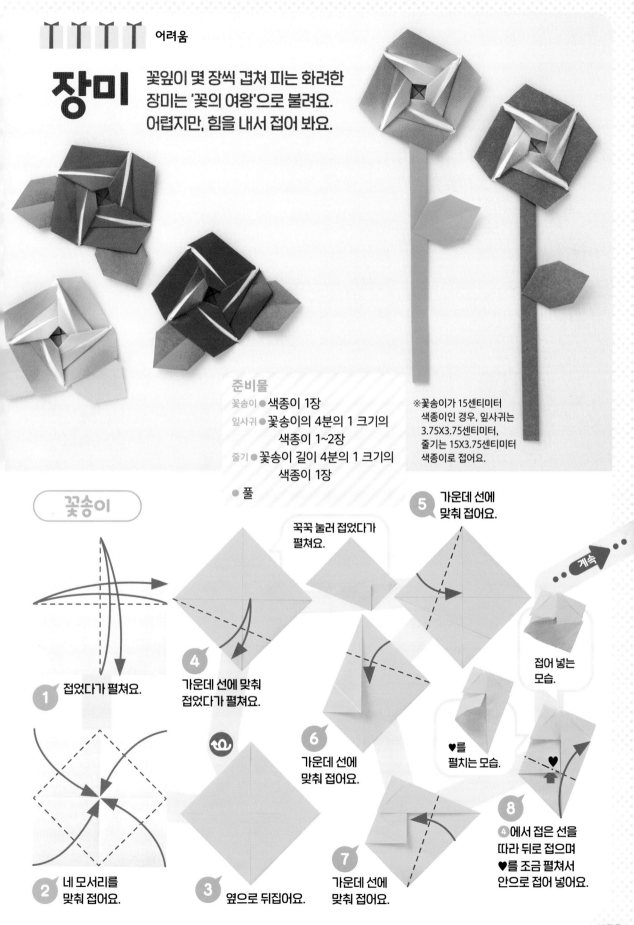

어려움

장미

꽃잎이 몇 장씩 겹쳐 피는 화려한 장미는 '꽃의 여왕'으로 불려요. 어렵지만, 힘을 내서 접어 봐요.

준비물

꽃송이 ● 색종이 1장

잎사귀 ● 꽃송이의 4분의 1 크기의 색종이 1~2장

줄기 ● 꽃송이 길이 4분의 1 크기의 색종이 1장

● 풀

※꽃송이가 15센티미터 색종이인 경우, 잎사귀는 3.75X3.75센티미터, 줄기는 15X3.75센티미터 색종이로 접어요.

꽃송이

1 접었다가 펼쳐요.

2 네 모서리를 맞춰 접어요.

3 옆으로 뒤집어요.

4 가운데 선에 맞춰 접었다가 펼쳐요.

꾹꾹 눌러 접었다가 펼쳐요.

6 가운데 선에 맞춰 접어요.

7 가운데 선에 맞춰 접어요.

5 가운데 선에 맞춰 접어요.

계속

접어 넣는 모습.

♥를 펼치는 모습.

8 ④에서 접은 선을 따라 뒤로 접으며 ♥를 조금 펼쳐서 안으로 접어 넣어요.

155

뜨는 부분을 눌러
접는 모습.

★을 ○에 맞추고,
뒷부분 모서리 ♥를
펼치는 모습.

모서리 ★을 잡은 모습.

10 ⑨와 똑같이 접어요.

모서리 ★을
잡은 모습.

★을 ○에 맞추고,
뒷부분 모서리 ♥를
펼치는 모습.

뜨는 부분을 눌러
접는 모습.

11 ⑨와 똑같이 접어요.

접는 모습.

모서리 ★를
잡은 모습

12 ⑨에서 접은
모서리를 넘기고,
네 번째 모서리를
펼쳐요.

13 ⑨와 똑같이
접어요.

9 ⬆에 손가락을 넣고, ★을
○에 맞춰 펼치며 눌러 접어요.

15 방향을
돌려요.

14 ⑫에서 넘긴 부분을 되돌려요.

16
가장자리의
▬ 부분을
가운데의 십자
모양 선에 맞춰
시계 방향으로
접어 나가요.

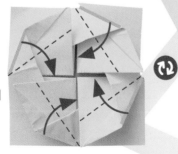

오른쪽 아래를
접는 모습.

왼쪽 아래를
접는 모습.

왼쪽 위를 접고,
남은 부분을 접어요.

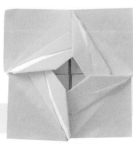

17 마지막에 접은
♡를 처음에 접은
♥아래로 넣어요.

18 옆으로
뒤집어요.

선물

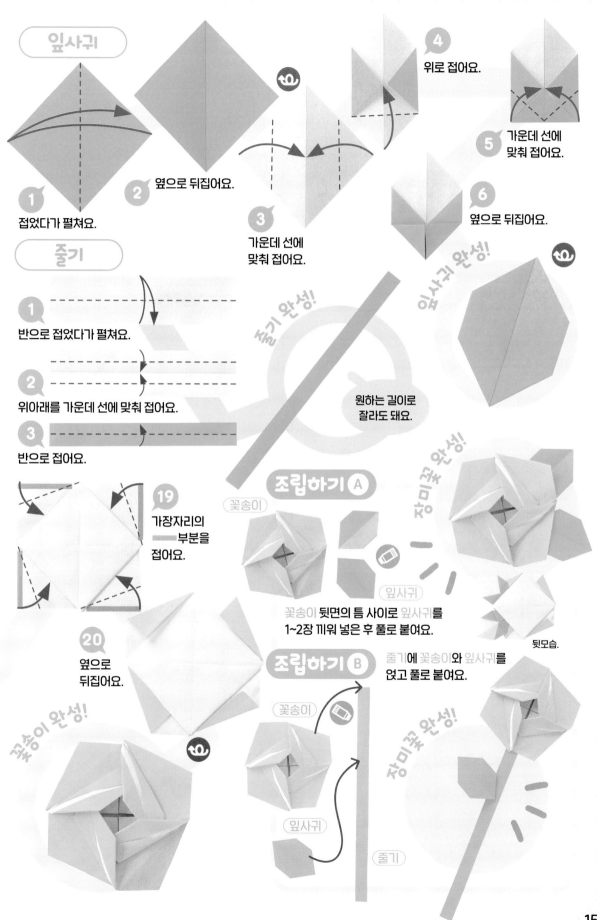

잎사귀

1 접었다가 펼쳐요.

2 옆으로 뒤집어요.

3 가운데 선에 맞춰 접어요.

4 위로 접어요.

5 가운데 선에 맞춰 접어요.

6 옆으로 뒤집어요.

잎사귀 완성!

줄기

1 반으로 접었다가 펼쳐요.

2 위아래를 가운데 선에 맞춰 접어요.

3 반으로 접어요.

줄기 완성!

원하는 길이로 잘라도 돼요.

19 가장자리의 ▬ 부분을 접어요.

20 옆으로 뒤집어요.

꽃송이 완성!

장미꽃 완성!

조립하기 Ⓐ

꽃송이

잎사귀

꽃송이 뒷면의 틈 사이로 잎사귀를 1~2장 끼워 넣은 후 풀로 붙여요.

뒷모습.

조립하기 Ⓑ

줄기에 꽃송이와 잎사귀를 얹고 풀로 붙여요.

꽃송이

잎사귀

줄기

장미꽃 완성!

튤립

봄에 알록달록 피어나는 튤립.
뒤에서 봐도 귀여운 작품을 만들 수 있어요.

준비물

꽃송이 ● 색종이 1장
줄기와 잎사귀 ● 꽃과 같은 크기의 색종이 1장
● 가위, 풀

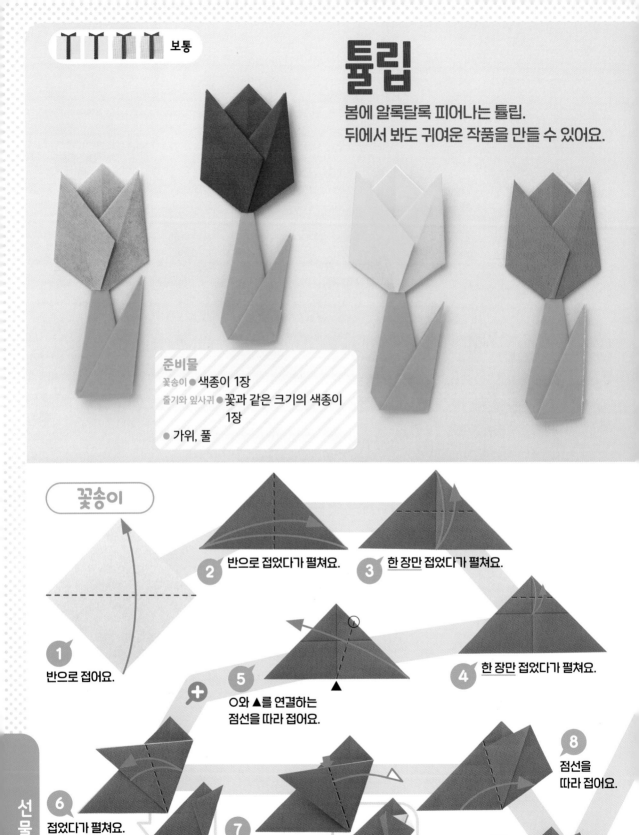

꽃송이

1 반으로 접어요.

2 반으로 접었다가 펼쳐요.

3 한 장만 접었다가 펼쳐요.

4 한 장만 접었다가 펼쳐요.

5 O와 ▲를 연결하는 점선을 따라 접어요.

6 접었다가 펼쳐요.

접은 모습.

7 ⬆에 손가락을 넣어 펼치며 눌러 접어요.

펼치는 모습. 그대로 눌러 접어요.

8 점선을 따라 접어요.

9 접었다가 펼쳐요.

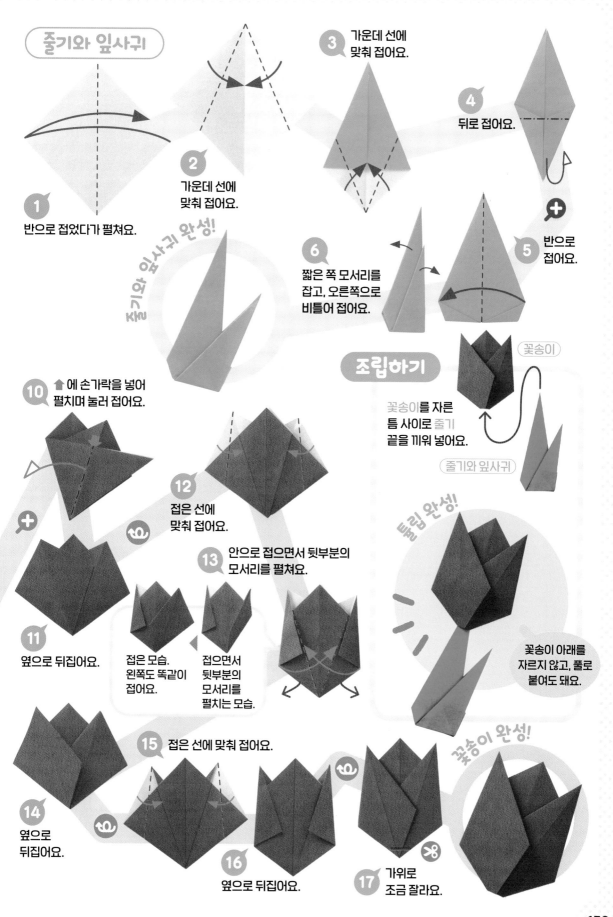

줄기와 잎사귀

1 반으로 접었다가 펼쳐요.

2 가운데 선에 맞춰 접어요.

3 가운데 선에 맞춰 접어요.

4 뒤로 접어요.

5 반으로 접어요.

6 짧은 쪽 모서리를 잡고, 오른쪽으로 비틀어 접어요.

줄기와 잎사귀 완성!

조립하기

꽃송이

꽃송이를 자른 틈 사이로 줄기 끝을 끼워 넣어요.

줄기와 잎사귀

조립 완성!

꽃송이 아래를 자르지 않고, 풀로 붙여도 돼요.

10 ⬆에 손가락을 넣어 펼치며 눌러 접어요.

11 옆으로 뒤집어요.

12 접은 선에 맞춰 접어요.

13 안으로 접으면서 뒷부분의 모서리를 펼쳐요.

접은 모습. 왼쪽도 똑같이 접어요.

접으면서 뒷부분의 모서리를 펼치는 모습.

14 옆으로 뒤집어요.

15 접은 선에 맞춰 접어요.

16 옆으로 뒤집어요.

17 가위로 조금 잘라요.

꽃송이 완성!

159

꽃다발

보통

준비물
파트A ● 15센티미터 색종이 1장
파트B ● 3센티미터 색종이 1장
파트C ● 3센티미터 색종이 2장

※좁은 리본 만드는 방법은 184쪽을 참고하세요.

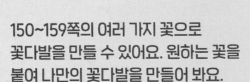

150~159쪽의 여러 가지 꽃으로
꽃다발을 만들 수 있어요. 원하는 꽃을
붙여 나만의 꽃다발을 만들어 봐요.

선물

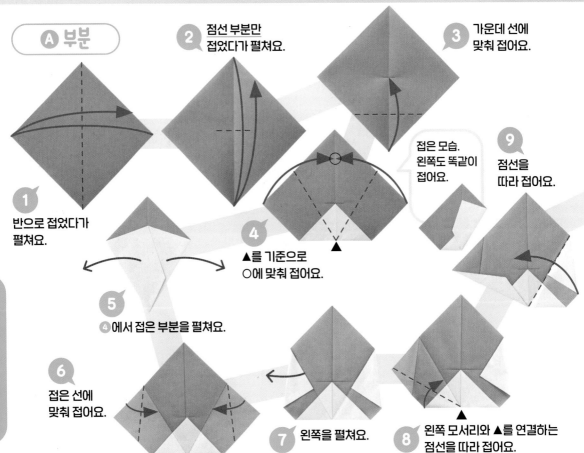

A 부분

1 반으로 접었다가 펼쳐요.

2 점선 부분만 접었다가 펼쳐요.

3 가운데 선에 맞춰 접어요.

4 ▲를 기준으로 ○에 맞춰 접어요.

접은 모습. 왼쪽도 똑같이 접어요.

5 4에서 접은 부분을 펼쳐요.

6 접은 선에 맞춰 접어요.

7 왼쪽을 펼쳐요.

8 왼쪽 모서리와 ▲를 연결하는 점선을 따라 접어요.

9 점선을 따라 접어요.

160

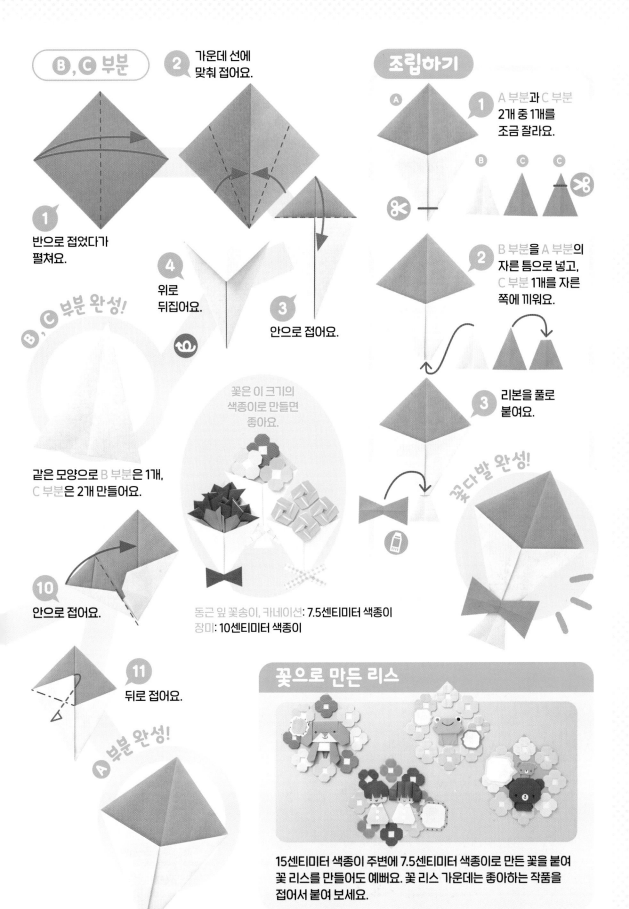

B, C 부분

1 반으로 접었다가 펼쳐요.

2 가운데 선에 맞춰 접어요.

3 안으로 접어요.

4 위로 뒤집어요.

B, C 부분 완성!

같은 모양으로 B 부분은 1개, C 부분은 2개 만들어요.

10 안으로 접어요.

11 뒤로 접어요.

A 부분 완성!

꽃은 이 크기의 색종이로 만들면 좋아요.

동근 잎 꽃송이, 카네이션: 7.5센티미터 색종이
장미: 10센티미터 색종이

조립하기

1 A 부분과 C 부분 2개 중 1개를 조금 잘라요.

2 B 부분을 A 부분의 자른 틈으로 넣고, C 부분 1개를 자른 쪽에 끼워요.

3 리본을 풀로 붙여요.

꽃다발 완성!

꽃으로 만든 리스

15센티미터 색종이 주변에 7.5센티미터 색종이로 만든 꽃을 붙여 꽃 리스를 만들어도 예뻐요. 꽃 리스 가운데는 좋아하는 작품을 접어서 붙여 보세요.

 보통

셔츠 모양 카드

아빠가
좋아요.

'어버이의 날'이나 부모님의 생신, 밸런타인데이에
사용할 카드로 딱 좋아요.

셔츠

1 접었다가 펼쳐요.

2 가운데 선에
맞춰 접어요.

3 가장자리에 맞춰
접었다가 펼쳐요.

4 아래로 접어요.

셔츠 옷깃이
돼요.

5 옆으로 뒤집어요.

6 위를 조금 접어요.

7 옆으로 뒤집어요.

8 ▲에 맞춰 위로 접어
♡ 부분 뒤로 넣어요.

9 옆으로 뒤집어요.

선물

162

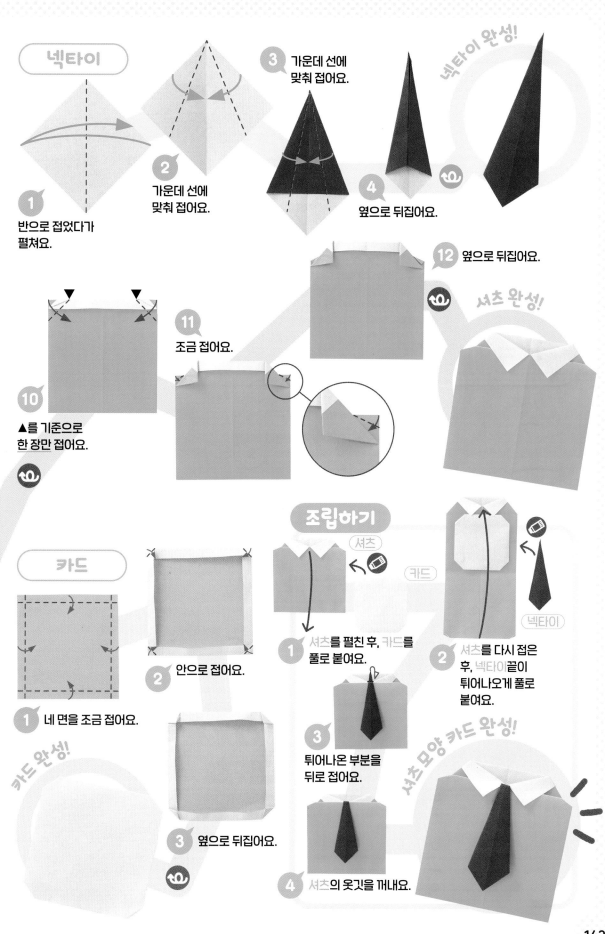

넥타이

1 반으로 접었다가 펼쳐요.

2 가운데 선에 맞춰 접어요.

3 가운데 선에 맞춰 접어요.

4 옆으로 뒤집어요.

넥타이 완성!

10 ▲를 기준으로 한 장만 접어요.

11 조금 접어요.

12 옆으로 뒤집어요.

셔츠 완성!

카드

1 네 면을 조금 접어요.

2 안으로 접어요.

3 옆으로 뒤집어요.

카드 완성!

조립하기

셔츠

카드

넥타이

1 셔츠를 펼친 후, 카드를 풀로 붙여요.

2 셔츠를 다시 접은 후, 넥타이끝이 튀어나오게 풀로 붙여요.

3 튀어나온 부분을 뒤로 접어요.

4 셔츠의 옷깃을 꺼내요.

셔츠 모양 카드 완성!

163

보통

리본이 달린 선물 상자 모양의 메시지 카드를 만들어 봐요.
다양한 행사에서 사용하기에 좋아요.

메리
크리스마스☆

생일 축하해!

선물 상자 카드

준비물
● 색종이 1장

1 조금 접어요.

2 옆으로 뒤집어요.

양쪽을 똑같이
접어요.

6 위로 접었다가 펼쳐요.

3 조금 접어요.

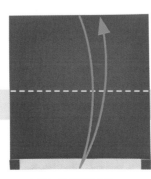

4 반으로 접었다가
펼쳐요.

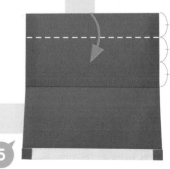

5 아래로 접어요.

선
물

7 ⬆에 손가락을 넣어 펼치며 눌러 접어요.

접는 모습.

접은 모습. 왼쪽도 똑같이 접어요.

8 ▲에 맞춰 접어요.

9 옆으로 뒤집어요.

11 반으로 접었다가 펼쳐요.

10 튀어나온 부분을 접어요.

12 빨간색 부분의 가운데 ▲ 선을 △ 선에 맞춰 접어요.

14 겹치는 부분의 왼쪽 틈으로 오른쪽을 끼워 넣어요.

끼워 넣는 모습.

13 빨간 색 부분이 겹치도록 접어요.

펼치면 보이는 부분에 메시지를 적어요.

선물 상자 카드 완성!

165

조금 어려움

곰돌이 카드

곰돌이의 발을 아래로 내리면
메시지가 보이는 재미있는 카드예요.
다른 작품을 작게 만들어 붙여도 좋아요.

정말
고마워.

또
만나서 놀자.

준비물
● 색종이 1장

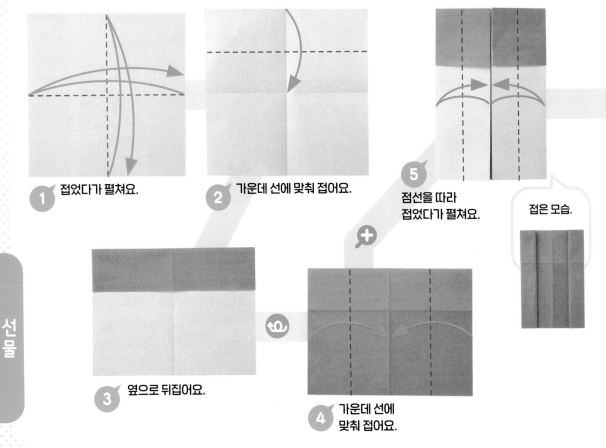

1 접었다가 펼쳐요.

2 가운데 선에 맞춰 접어요.

5 점선을 따라
접었다가 펼쳐요.

접은 모습.

3 옆으로 뒤집어요.

4 가운데 선에
맞춰 접어요.

선물

166

7 ↟에 손가락을 넣어 안으로 접어요.

접는 모습.

8 밖으로 접어요.

6 위는 아래로 접고, 아래는 접었다가 펼쳐요.

11 주황 색 부분과 조금 겹치게 위로 접어요.

10 옆으로 뒤집어요.

9 조금 접어요.

12 뒤로 조금 접어요.

14 얼굴을 그려요. 둥근 스티커를 붙여도 좋아요.

곰돌이 카드 완성!

13 ♡를 ♥ 뒤로 넣어요.

펼치면 보이는 부분에 메시지를 적어요.

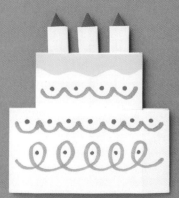

조금 어려움

케이크 카드

5개 부분을 조립해 만들어요.
촛불을 위로 잡아당기면
메시지가 나타나요.

준비물
ABCD 부분 ● 15센티미터 색종이 1장씩
촛불 ● 7.5X3.75센티미터 색종이 3장
● 풀

※촛불의 종이는 15센티미터 색종이를 4분의 1로 자른 후,
반으로 자른 크기예요.

A, B 부분

1 반으로
접었다가 펼쳐요.

2 가운데 선에 맞춰
접었다가 펼쳐요.

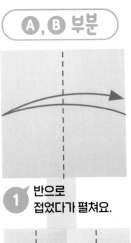

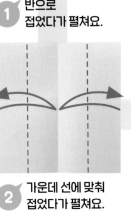

3 옆으로 뒤집어요.

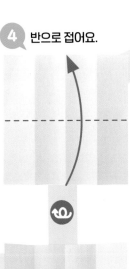

4 반으로 접어요.

5 반으로
접었다가 펼쳐요.

6 가운데 선에
맞춰 접어요.

7 전부 펼쳐요.

8 선에 맞춰 접어요.

9 A 부분만 선을 따라
잘라요. B 부분은
자르지 않아요.

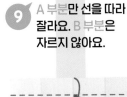

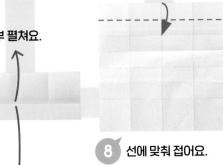

선물

168

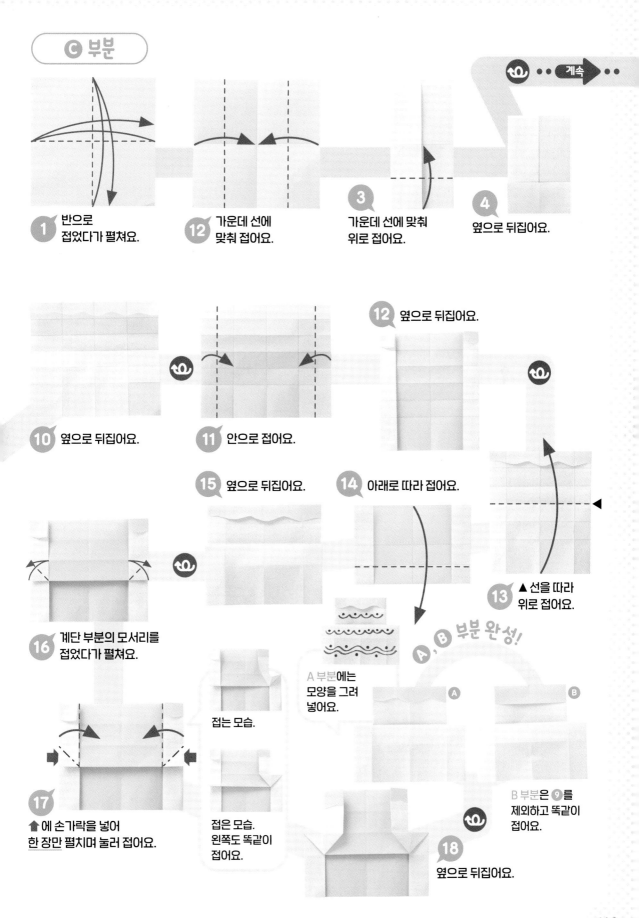

계속

C 부분

1 반으로
접었다가 펼쳐요.

12 가운데 선에
맞춰 접어요.

3 가운데 선에 맞춰
위로 접어요.

4 옆으로 뒤집어요.

10 옆으로 뒤집어요.

11 안으로 접어요.

12 옆으로 뒤집어요.

15 옆으로 뒤집어요.

14 아래로 따라 접어요.

13 ▲ 선을 따라
위로 접어요.

16 계단 부분의 모서리를
접었다가 펼쳐요.

A, B 부분 완성!

A 부분에는
모양을 그려
넣어요.

Ⓐ

Ⓑ

접는 모습.

접은 모습.
왼쪽도 똑같이
접어요.

17
↥에 손가락을 넣어
한 장만 펼치며 눌러 접어요.

B 부분은 9를
제외하고 똑같이
접어요.

18 옆으로 뒤집어요.

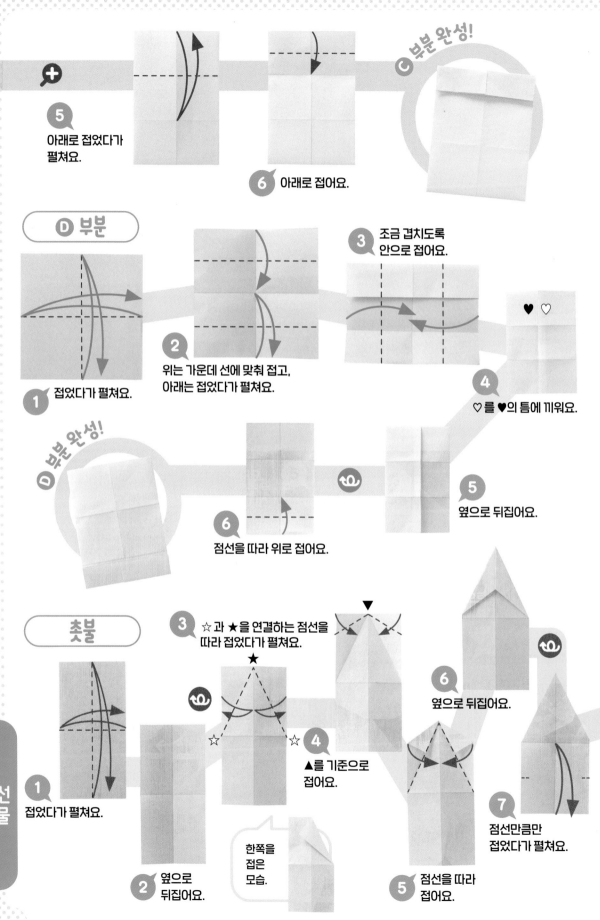

5 아래로 접었다가 펼쳐요.

6 아래로 접어요.

C 부분 완성!

D 부분

1 접었다가 펼쳐요.

2 위는 가운데 선에 맞춰 접고, 아래는 접었다가 펼쳐요.

3 조금 겹치도록 안으로 접어요.

4 ♡를 ♥의 틈에 끼워요.

♥ ♡

5 옆으로 뒤집어요.

6 점선을 따라 위로 접어요.

D 부분 완성!

촛불

1 접었다가 펼쳐요.

2 옆으로 뒤집어요.

한쪽을 접은 모습.

3 ☆과 ★을 연결하는 점선을 따라 접었다가 펼쳐요.

4 ▲를 기준으로 접어요.

5 점선을 따라 접어요.

6 옆으로 뒤집어요.

7 점선만큼만 접었다가 펼쳐요.

선물

조립하기

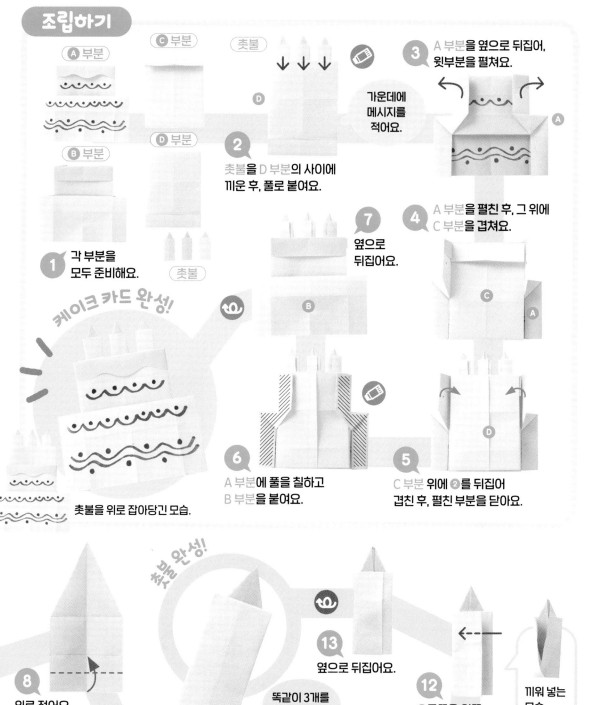

Ⓐ 부분

Ⓒ 부분

촛불

Ⓓ

Ⓑ 부분

Ⓓ 부분

1 각 부분을 모두 준비해요.

촛불

2 촛불을 Ⓓ 부분의 사이에 끼운 후, 풀로 붙여요.

가운데에 메시지를 적어요.

3 Ⓐ 부분을 옆으로 뒤집어, 윗부분을 펼쳐요.

Ⓐ

4 Ⓐ 부분을 펼친 후, 그 위에 Ⓒ 부분을 겹쳐요.

Ⓒ

Ⓐ

7 옆으로 뒤집어요.

Ⓑ

6 Ⓐ 부분에 풀을 칠하고 Ⓑ 부분을 붙여요.

5 Ⓒ 부분 위에 **2**를 뒤집어 겹친 후, 펼친 부분을 닫아요.

Ⓓ

케이크 카드 완성!

촛불을 위로 잡아당긴 모습.

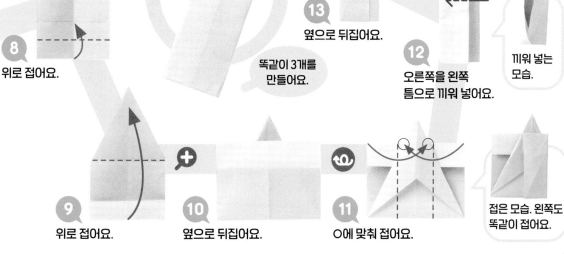

촛불 완성!

8 위로 접어요.

9 위로 접어요.

10 옆으로 뒤집어요.

11 ○에 맞춰 접어요.

접은 모습. 왼쪽도 똑같이 접어요.

12 오른쪽을 왼쪽 틈으로 끼워 넣어요.

끼워 넣는 모습.

13 옆으로 뒤집어요.

똑같이 3개를 만들어요.

쉬움

동물 모양 봉투

친구에게

세뱃돈 등을 넣는 작은 봉투를 만들어 봐요.
동물 친구들이 살짝 들여다보는 모습이 깜찍해요.

준비물
● 색종이 1장씩

※15센티미터 색종이로 만들면,
지폐를 두 번 접어 넣을 수 있어요.

개구리 봉투

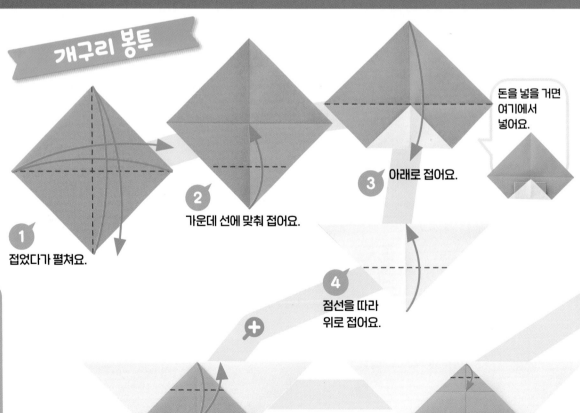

1 접었다가 펼쳐요.

2 가운데 선에 맞춰 접어요.

3 아래로 접어요.

돈을 넣을 거면 여기에서 넣어요.

4 점선을 따라 위로 접어요.

5 아래로 접었다가 펼쳐요.

6 아래로 접어요.

선물

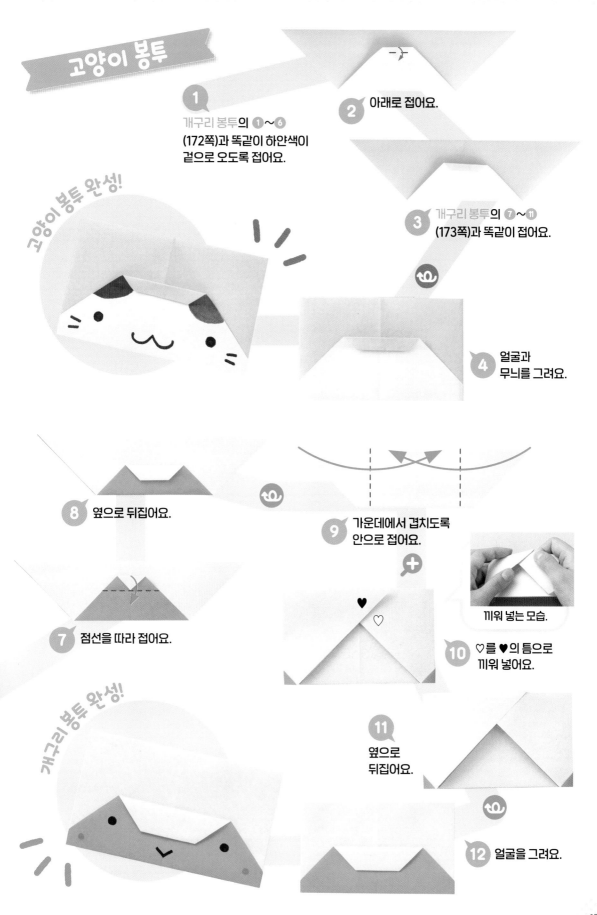

고양이 봉투

1 개구리 봉투의 ①~⑥ (172쪽)과 똑같이 하얀색이 겉으로 오도록 접어요.

2 아래로 접어요.

3 개구리 봉투의 ⑦~⑪ (173쪽)과 똑같이 접어요.

4 얼굴과 무늬를 그려요.

고양이 봉투 완성!

8 옆으로 뒤집어요.

9 가운데에서 겹치도록 안으로 접어요.

7 점선을 따라 접어요.

끼워 넣는 모습.

10 ♡를 ♥의 틈으로 끼워 넣어요.

11 옆으로 뒤집어요.

12 얼굴을 그려요.

개구리 봉투 완성!

1 반으로 접어요.

2 반으로 접었다가 펼쳐요.

3 두 장 모두 아래로 접었다가 펼쳐요.

접은 모습.

4 한 장만 접었다가 펼쳐요.

5 한 장만 아래쪽 접은 선에 맞춰 접어요.

6 아래로 접어요.

돈을 넣을 거면 여기에서 넣어요.

7 아래로 접어요.

8 위로 튀어나오게 접어요.

9 점선을 따라 접어요.

10 개구리 봉투의 9 ~ 11 (173쪽)과 똑같이 접어요. 옆으로 뒤집어요.

11 얼굴을 그리고, 부리도 색칠해요.

펭귄 봉투 완성!

조각 케이크

진짜랑 똑같이 케이크를 만들어 봐요.
8개를 만들면 동그란 케이크가
완성돼요.

준비물

파트A,B,C ● 15센티미터 색종이 3장
샌크림 ● 5센티미터 색종이 3장
딸기 ● 7.5센티미터 색종이 1장
● 본드

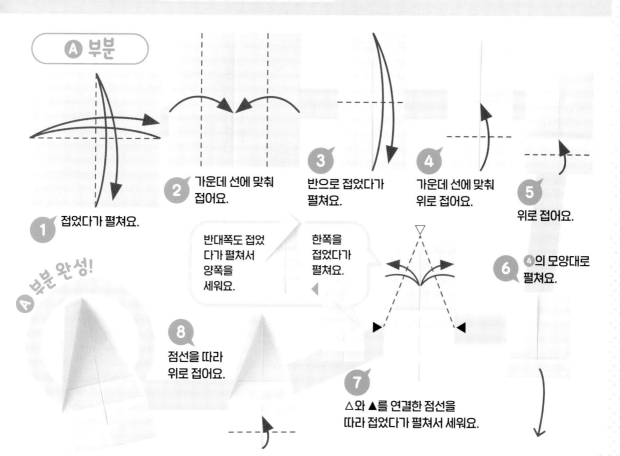

A 부분

1 접었다가 펼쳐요.

2 가운데 선에 맞춰 접어요.

3 반으로 접었다가 펼쳐요.

4 가운데 선에 맞춰 위로 접어요.

5 위로 접어요.

6 4의 모양대로 펼쳐요.

7 △와 ▲를 연결한 점선을 따라 접었다가 펼쳐서 세워요.

반대쪽도 접었다가 펼쳐서 양쪽을 세워요.

한쪽을 접었다가 펼쳐요.

8 점선을 따라 위로 접어요.

A 부분 완성!

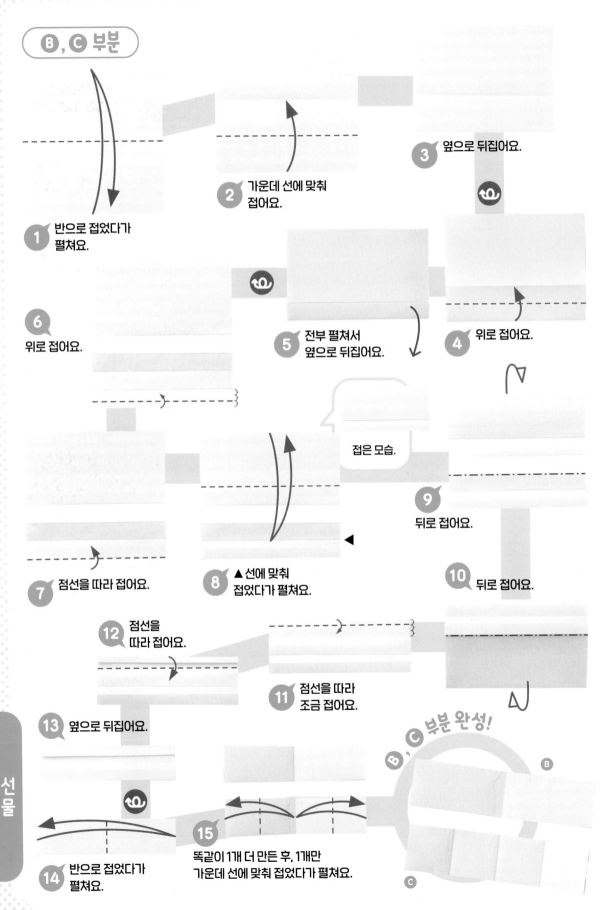

1 반으로 접었다가 펼쳐요.

2 가운데 선에 맞춰 접어요.

3 옆으로 뒤집어요.

4 위로 접어요.

5 전부 펼쳐서 옆으로 뒤집어요.

6 위로 접어요.

7 점선을 따라 접어요.

8 ▲ 선에 맞춰 접었다가 펼쳐요.

접은 모습.

9 뒤로 접어요.

10 뒤로 접어요.

11 점선을 따라 조금 접어요.

12 점선을 따라 접어요.

13 옆으로 뒤집어요.

14 반으로 접었다가 펼쳐요.

15 똑같이 1개 더 만든 후, 1개만 가운데 선에 맞춰 접었다가 펼쳐요.

B , C 부분 완성!

B

C

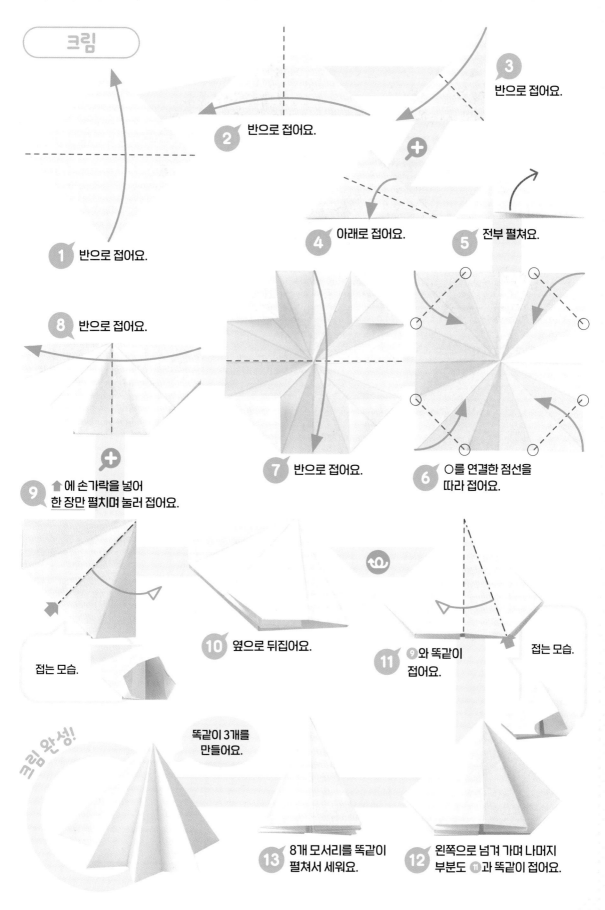

크림

2 반으로 접어요.

3 반으로 접어요.

1 반으로 접어요.

4 아래로 접어요.

5 전부 펼쳐요.

8 반으로 접어요.

7 반으로 접어요.

6 ○를 연결한 점선을 따라 접어요.

9 ♠에 손가락을 넣어 한 장만 펼치며 눌러 접어요.

접는 모습.

10 옆으로 뒤집어요.

11 ⑨와 똑같이 접어요.

접는 모습.

크림 완성!

똑같이 3개를 만들어요.

13 8개 모서리를 똑같이 펼쳐서 세워요.

12 왼쪽으로 넘겨 가며 나머지 부분도 ⑩과 똑같이 접어요.

1 접었다가 펼쳐요.

2 옆으로 뒤집어요.

3 접었다가 펼쳐요.

4 점선을 따라 사각주머니를 접어요.

접는 모습.

5 한 장만 가운데 선에 맞춰 접었다가 펼쳐요.

6 한 장만 뒤로 접어요.

7 한 장만 점선을 따라 접어요.

8 옆으로 뒤집어요.

9 5~7과 똑같이 접어요.

10 한 장씩 앞뒤로 넘겨요.

11 한 장만 가운데 선에 맞춰 접어요.

12 옆으로 뒤집어서 똑같이 접어요.

접은 모습.

13 ⬆에 손가락을 넣어 부풀려요.

14 거꾸로 뒤집어요.

15 튀어나온 부분을 안으로 넣어 접어요.

16 거꾸로 뒤집어요.

넣어 접은 모습.

딸기 완성!

C를 열고 하얀 모서리를 들어
B의 안쪽을 겹쳐요.

C를 조금 열어 가장자리에서
B의 ♥ 부분을 감싸요.

감싸는 모습.

다른 쪽도 똑같이
연결해요.

1 틈으로 넣어 B, C 부분을
연결해요.

2 삼각형으로 만들어요.

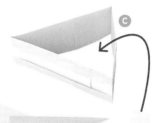

3 A 부분의 ♥ 부분을,
2의 C 부분 아래쪽에
넣어요.

4 A 부분으로 C 부분을
감싸면서 뒤집어요.

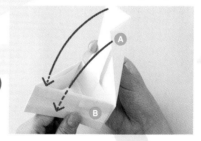

5 A 부분의 양쪽 모서리를
B 부분의 틈에 끼워 넣어요.

끼워 넣는 모습.

과일 색의 색종이를
적당한 크기로 잘라
양쪽 면의 틈에
끼워도 좋아요.

조각 케이크 완성!

6 **5**의 윗면에 딸기와
크림을 올린 후
본드로 붙여요.

어려움

선물 상자

두 가지 모양의 선물 상자를 만들어 봐요.
사탕이나 스티커 등 작은 선물을 담기에 딱 좋아요.

준비물
우유 팩 상자 ● 색종이 2장
삼각(정사면체) 상자 ● 색종이 1장

우유갑 상자

상자

1 반으로 접어요.

2 점선만큼만
접었다가 펼쳐요.

접은 모습.

5 접은 선에 맞춰 접었다가 펼쳐요.

3 점선만큼만
접었다가 펼쳐요.

4 ③에서 접은 선에 맞춰
접었다가 펼쳐요.

8 점선을 따라 다시 한번 접어요.

6 접은 선에
맞춰 접어요.

7 점선을 따라 접어요.

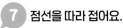

선물

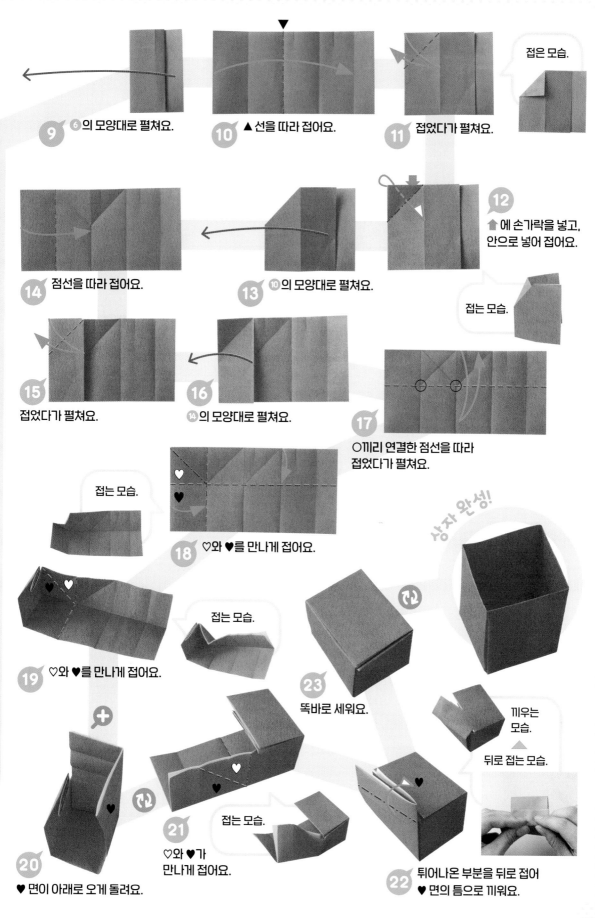

9 ⑥의 모양대로 펼쳐요.

10 ▼ 선을 따라 접어요.

11 접었다가 펼쳐요.

접은 모습.

12 ⬆에 손가락을 넣고, 안으로 넣어 접어요.

14 점선을 따라 접어요.

13 ⑩의 모양대로 펼쳐요.

접는 모습.

15 접었다가 펼쳐요.

16 ⑭의 모양대로 펼쳐요.

17 ○끼리 연결한 점선을 따라 접었다가 펼쳐요.

접는 모습.

18 ♡와 ♥를 만나게 접어요.

상자 완성!

19 ♡와 ♥를 만나게 접어요.

접는 모습.

23 똑바로 세워요.

끼우는 모습.

뒤로 접는 모습.

20 ♥ 면이 아래로 오게 돌려요.

21 ♡와 ♥가 만나게 접어요.

접는 모습.

22 튀어나온 부분을 뒤로 접어 ♥ 면의 틈으로 끼워요.

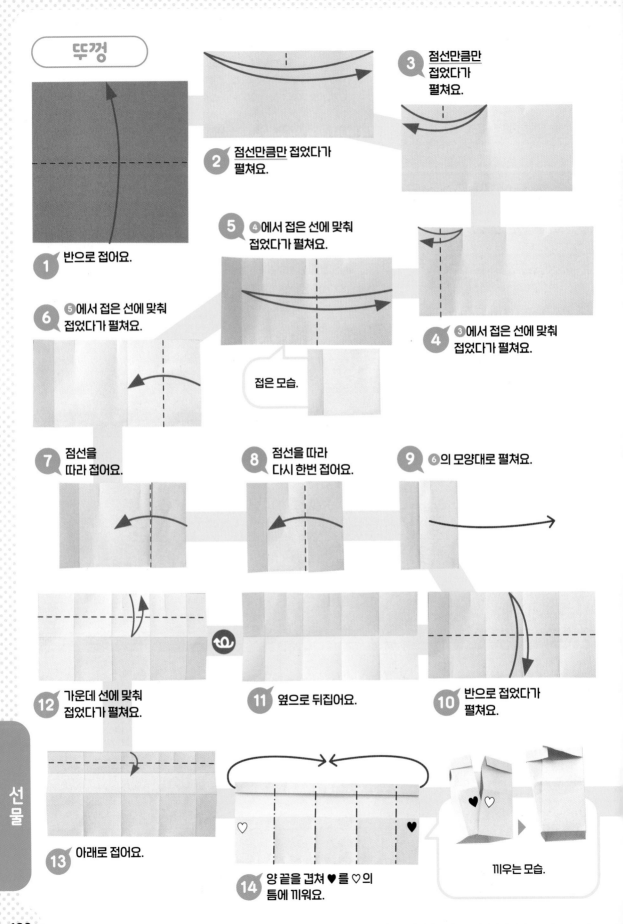

뚜껑

1 반으로 접어요.

2 점선만큼만 접었다가 펼쳐요.

3 점선만큼만 접었다가 펼쳐요.

4 ❸에서 접은 선에 맞춰 접었다가 펼쳐요.

5 ❹에서 접은 선에 맞춰 접었다가 펼쳐요.

접은 모습.

6 ❺에서 접은 선에 맞춰 접었다가 펼쳐요.

7 점선을 따라 접어요.

8 점선을 따라 다시 한번 접어요.

9 ❻의 모양대로 펼쳐요.

10 반으로 접었다가 펼쳐요.

11 옆으로 뒤집어요.

12 가운데 선에 맞춰 접었다가 펼쳐요.

13 아래로 접어요.

14 양 끝을 겹쳐 ♥를 ♡의 틈에 끼워요.

끼우는 모습.

선물

삼각 상자

1 아래를 조금 접어요.

2 옆으로 뒤집어요.

3 양쪽을 조금 겹치게 접어요.

꺼내는 모습.

4 ♥를 한 장만 위로 꺼내요.

하얀 부분을 살짝 접어요.

양쪽 모서리를 만나게 한 모습.

입구를 벌린 모습.

5 하얀 부분에 넣어 접어요.

넣는 모습.

6 ↑에 손가락을 넣어 입구를 벌린 후, 양쪽 모서리를 만나게 해 삼각형 모양으로 만들어요.

삼각 상자 완성!

스티커로 고정해도 좋아요.

조립하기

상자   뚜껑

상자에 뚜껑을 씌워요.

우유갑 상자 완성!

15 똑바로 세워요.

16 접은 선을 따라 윗부분을 우유갑 모양으로 닫아요.

뚜껑 완성!

양옆을 손가락으로 눌러요.

꾹꾹 눌러요.

아래로 손가락을 넣어 우유갑 모양을 만들어요.

데코레이션

준비물
리본 ● 1X15센티미터 색종이 2장
다이아몬드, 바나나, 말풍선, 딸기
● 색종이 1장씩

선물 포장이나 카드 등에 붙여서 귀엽게 꾸며요.
색종이를 잘 골라 다양하게 만들어 봐요.

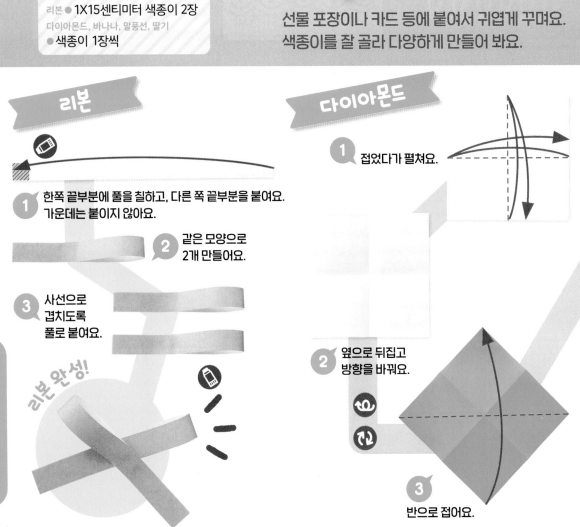

리본

1 한쪽 끝부분에 풀을 칠하고, 다른 쪽 끝부분을 붙여요.
가운데는 붙이지 않아요.

2 같은 모양으로
2개 만들어요.

3 사선으로
겹치도록
풀로 붙여요.

리본 완성!

다이아몬드

1 접었다가 펼쳐요.

2 옆으로 뒤집고
방향을 바꿔요.

3 반으로 접어요.

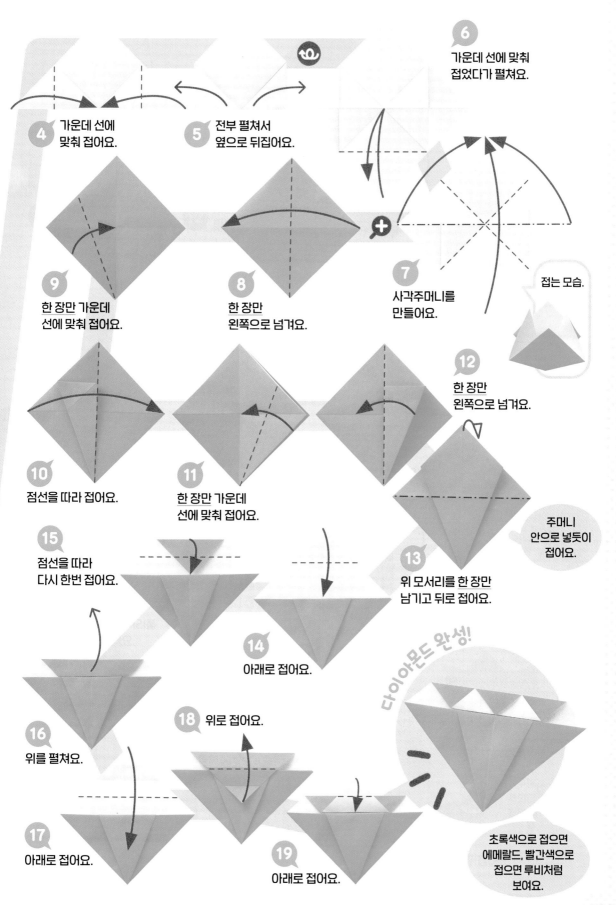

6 가운데 선에 맞춰 접었다가 펼쳐요.

4 가운데 선에 맞춰 접어요.

5 전부 펼쳐서 옆으로 뒤집어요.

7 사각주머니를 만들어요.

접는 모습.

9 한 장만 가운데 선에 맞춰 접어요.

8 한 장만 왼쪽으로 넘겨요.

12 한 장만 왼쪽으로 넘겨요.

주머니 안으로 넣듯이 접어요.

10 점선을 따라 접어요.

11 한 장만 가운데 선에 맞춰 접어요.

13 위 모서리를 한 장만 남기고 뒤로 접어요.

15 점선을 따라 다시 한번 접어요.

14 아래로 접어요.

다이아몬드 완성!

16 위를 펼쳐요.

18 위로 접어요.

17 아래로 접어요.

19 아래로 접어요.

초록색으로 접으면 에메랄드, 빨간색으로 접으면 루비처럼 보여요.

1 반으로 접어요.

2 반으로 접어요.

3 한 장만 왼쪽 아래로 비껴 접어요.

4 ③보다 좀 더 아래로 비껴 접어요.

5 뒤로 조금 접어요.

바나나 완성!

①에서 반대 방향으로 접은 후, 오른쪽과 왼쪽을 반대로 접으면 방향이 반대가 돼요.

말풍선

1 접었다가 펼쳐요.

2 맞춰 접어요.

3 한 개만 밖으로 접어요.

4 안으로 접어요.

5 옆으로 뒤집어요.

말풍선 완성!

말풍선 방향에 맞춰 메시지를 적어요.

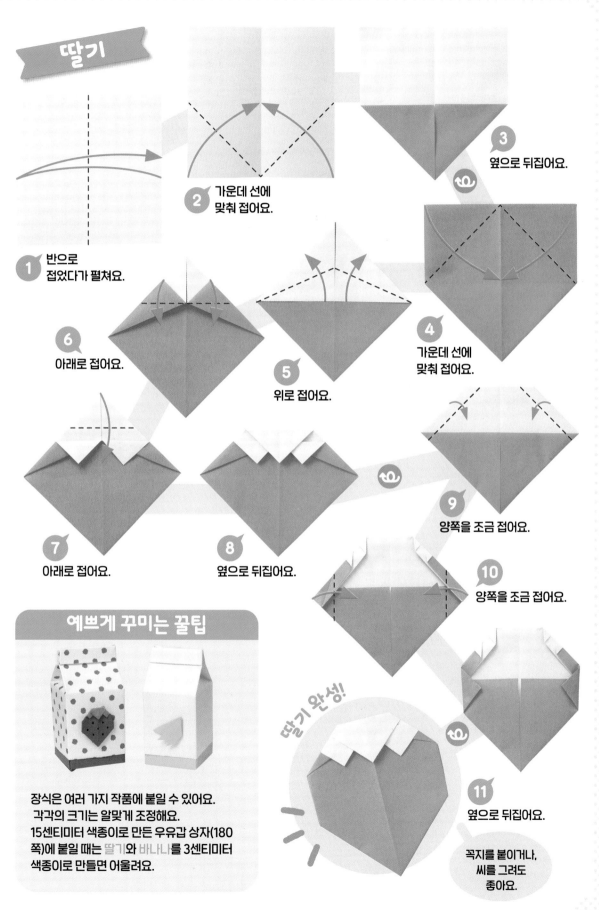

딸기

1 반으로 접었다가 펼쳐요.

2 가운데 선에 맞춰 접어요.

3 옆으로 뒤집어요.

4 가운데 선에 맞춰 접어요.

5 위로 접어요.

6 아래로 접어요.

7 아래로 접어요.

8 옆으로 뒤집어요.

9 양쪽을 조금 접어요.

10 양쪽을 조금 접어요.

11 옆으로 뒤집어요.

딸기 완성!

꼭지를 붙이거나, 씨를 그려도 좋아요.

예쁘게 꾸미는 꿀팁

장식은 여러 가지 작품에 붙일 수 있어요. 각각의 크기는 알맞게 조정해요. 15센티미터 색종이로 만든 우유갑 상자(180 쪽)에 붙일 때는 딸기와 바나나를 3센티미터 색종이로 만들면 어울려요.

보통

까까머리   뽀족뽀족 머리

다양한 얼굴

단발머리

중간 긴 머리

짧은 머리

층을 낸 단발머리

긴 머리

얼굴과 몸통을 만들고, 원하는 머리 스타일을
합쳐요. 친구들이나 가족의 웃는 얼굴을
종이접기로 만들어 봐요.

준비물
얼굴 ● 7.5센티미터 색종이 1장
몸통 ● 7.5센티미터 색종이 1장
중간 긴 머리, 단발머리, 층을 낸 단발머리, 긴 머리, 짧은 머리
● 15센티미터 색종이를 반으로 자른 것
(7.5X15센티미터) 1장씩
까까머리, 뽀족뽀족 머리 ● 7.5센티미터 색종이 1장씩

얼굴

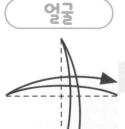

1 접었다가 펼쳐요.

2 네 모서리를
맞춰 접어요.

3 가운데 선에
맞춰 접어요.

4 위쪽은 가장자리에 맞춰 접고,
아래쪽은 튀어나오게 접어요.

5 위를 펼쳐요.

6 ①을 △선이 ▲와 만나도록 접고,
②는 그 모서리를 기준으로 접어요.

①
②
②

7 양쪽 모서리를
조금 접어요.

얼굴 완성!

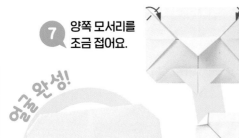

8 옆으로 뒤집어요.

선물

188

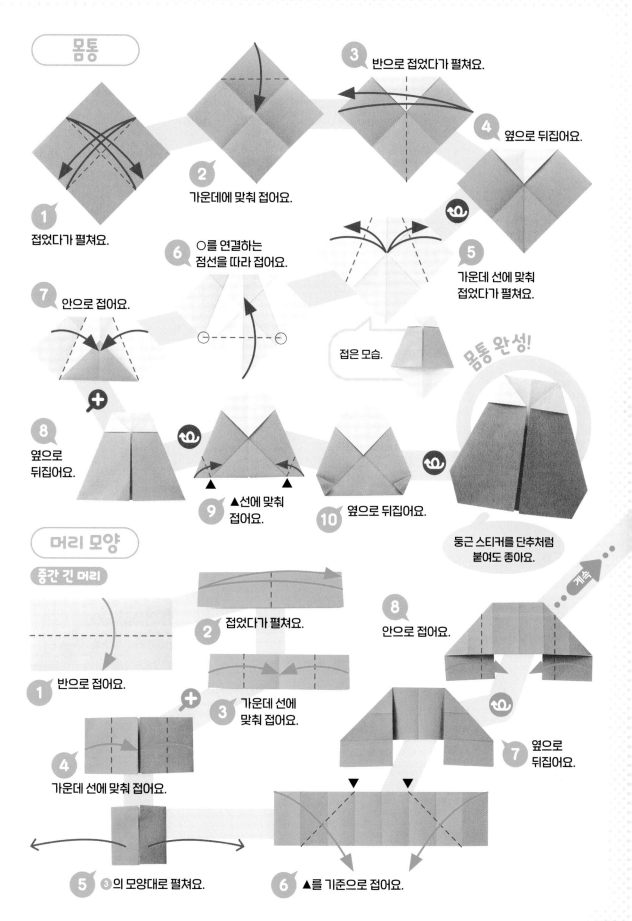

몸통

1 접었다가 펼쳐요.

2 가운데에 맞춰 접어요.

3 반으로 접었다가 펼쳐요.

4 옆으로 뒤집어요.

5 가운데 선에 맞춰 접었다가 펼쳐요.

6 ○를 연결하는 점선을 따라 접어요.

접은 모습.

7 안으로 접어요.

8 옆으로 뒤집어요.

9 ▲선에 맞춰 접어요.

10 옆으로 뒤집어요.

몸통 완성!

둥근 스티커를 단추처럼 붙여도 좋아요.

머리 모양

중간 긴 머리

1 반으로 접어요.

2 접었다가 펼쳐요.

3 가운데 선에 맞춰 접어요.

4 가운데 선에 맞춰 접어요.

5 ❸의 모양대로 펼쳐요.

6 ▲를 기준으로 접어요.

7 옆으로 뒤집어요.

8 안으로 접어요.

계속

9 옆으로 뒤집어요.

10 뒤로 접어요.

여기에서 끝내면
단발머리가 돼요.

조립하기

1 머리에 얼굴을 끼워 넣어요.

2 얼굴을 그려요.

3 몸을 겹쳐서 풀로
붙여요.

중간 긴 머리 완성!

11 앞머리를 원하는
대로 잘라요.

완성!

층을 낸 단발머리

1 중간 긴 머리의 ❶~❼
(189쪽)과 똑같이 접어요.

2 접었다가 펼쳐요.

긴 머리

1 중간 긴 머리의
❶~❼ (189쪽)과
똑같이 접어요.

2 △ 부분을 ▲에 맞춰
뒤로 접어요.

넣어 접는 모습

3 ❷에서 접은 선을 따라
안으로 넣어 접어요.

3 양쪽을 조금 접어요.

4 위로 접어요.

5 ♡부분을 ♥ 뒤로 넣어요.

4 점선을 따라 접어요.
위쪽은 ♥ 부분의 뒤로 접어요.

앞머리는
원하는 대로
잘라요.

층을 낸 단발머리 완성!

6 옆으로
뒤집어요.

긴 머리 완성!

5 옆으로
뒤집어요.

앞머리는
원하는 대로
잘라요.

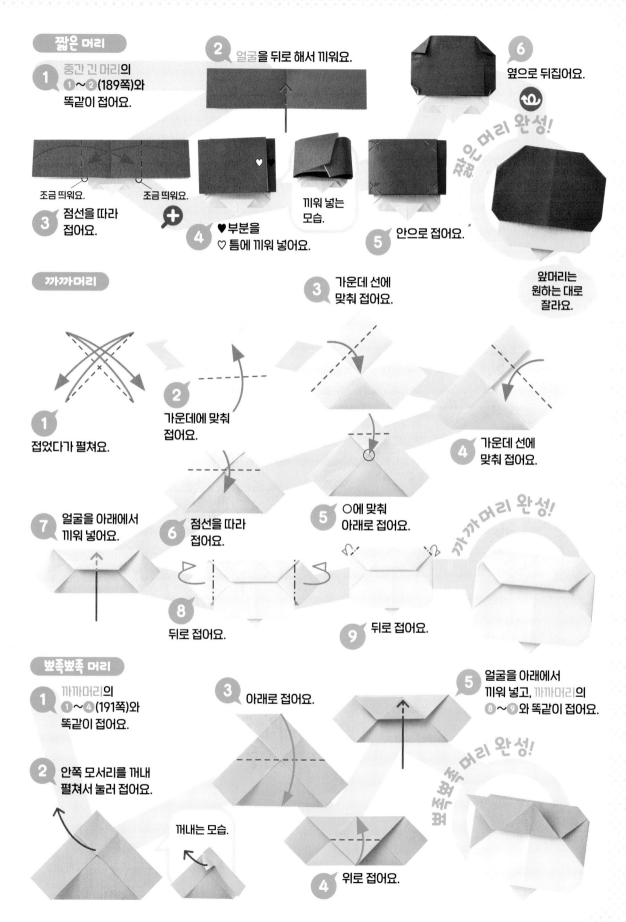

짧은 머리

1 중간 긴 머리의 ①~② (189쪽)와 똑같이 접어요.

2 얼굴을 뒤로 해서 끼워요.

6 옆으로 뒤집어요.

3 점선을 따라 접어요.

조금 띄워요. 조금 띄워요.

4 ♥부분을 ♡ 틈에 끼워 넣어요.

끼워 넣는 모습.

5 안으로 접어요.

짧은 머리 완성!

앞머리는 원하는 대로 잘라요.

까까머리

1 접었다가 펼쳐요.

2 가운데에 맞춰 접어요.

3 가운데 선에 맞춰 접어요.

4 가운데 선에 맞춰 접어요.

5 ○에 맞춰 아래로 접어요.

까까머리 완성!

6 점선을 따라 접어요.

7 얼굴을 아래에서 끼워 넣어요.

8 뒤로 접어요.

9 뒤로 접어요.

뾰족뾰족 머리

1 까까머리의 ①~④ (191쪽)와 똑같이 접어요.

2 안쪽 모서리를 꺼내 펼쳐서 눌러 접어요.

꺼내는 모습.

3 아래로 접어요.

4 위로 접어요.

5 얼굴을 아래에서 끼워 넣고, 까까머리의 ⑧~⑨와 똑같이 접어요.

뾰족뾰족 머리 완성!

지은이

타츠쿠리의 종이접기

유튜브 채널 〈타츠쿠리의 종이접기〉로 인기가 높은 종이접기 작가예요. 일본 아이치현에서 태어났어요. 채널을 처음 개설할 당시는 종이접기를 막 시작할 때였어요. 어릴 때부터 그림 그리기를 좋아해서인지 종이접기의 재미에 푹 빠져, 지금은 창작 작품을 300개 넘게 올린 인기 채널이 되었지요. 채널 구독자 수는 8만 명이 넘고, 동영상 조회 수는 2,000만 회를 넘었어요. 계절과 어울리는 작품의 접는 방법을 알기 쉽게 자세한 부분까지 설명하는 동영상을 꾸준히 올리고 있어요. 귀여운 모양의 작품이 특히 인기가 있답니다.

 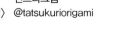

유튜브 채널　　　 인스타그램
〈타츠쿠리노 오리가미〉　@tatsukuriorigami

옮긴이

송주은

성균관대학교 번역테솔대학원을 마친 뒤 어린이 책 기획과 번역을 겸하고 있어요. 옮긴 책으로 《양배추 행성 동물도감》, 《연어 피리카의 엄마가 되는 여행》, 《오톨린》 시리즈 등이 있어요.

2025년 3월 5일 1판 1쇄 발행

지은이 타츠쿠리의 종이접기 | 번역 송주은
펴낸이 문제천 | 펴낸곳 ㈜은하수미디어
편집진행 문미라 | 편집 방기은 | 편집지원 김혜영
디자인 정수연, 김해은 | 디자인지원 김지언 | 제작책임 문제천
주소 서울시 송파구 송이로32길 18, 405 (문정동, 4층)
대표전화 (02)449-2701 | 팩스 (02)404-8768 | 편집부 (02)3402-1386
출판등록 제22-590호(2000. 7. 10.)
©2025, Eunhasoo Media Publishing Co., Ltd.

ONNA NO KO ORIGAMI (女の子おりがみ)
©Tatsukuri no Origami 2022
Originally published in Japan by Shufunotomo Co., Ltd.
Translation rights arranged with Shufunotomo Co., Ltd.
Through JM Contents Agency

주의! 종이가 날카로워 손을 베일 수 있으므로 주의하십시오.
파본은 구입처에서 교환해 드립니다. 사용 중 발생한 파손은 교환 대상에 해당되지 않습니다.